Général CAMON

LA MANŒUVRE DE WAGRAM

Avec 8 croquis dans le texte et 1 carte hors texte

BERGER-LEVRAULT, ÉDITEURS
NANCY-PARIS-STRASBOURG

1926

LA

MANŒUVRE DE WAGRAM

DU MÊME AUTEUR

GUERRE NAPOLÉONIENNE

Préparation stratégique des actions décisives. *Analyse de la campagne de 1809 en Italie et en Allemagne.* 1890. Un vol. in-8 de 191 pages. **(*Épuisé.*)**

Campagne de 1813 en Allemagne. 1892. Un vol. in-8 de 136 pages. **(*Épuisé.*)**

La Bataille napoléonienne. 1899. Brochure in-8 de 59 pages . . **2 fr. 25**

Le Système de guerre de Napoléon. 1923. Un vol. in-8 de 144 pages, avec 47 cartes dans le texte. **6 fr. 75**

La Guerre napoléonienne.

1re partie. — *Précis des campagnes.* 7e édition. 1925. 2 vol. in-8, 283 et 211 pages, avec cartes et croquis . . . . **20 fr. »**

2e partie. — *Les Systèmes d'opérations.* Théorie et technique. 1907. Un vol. in-8 de 382 pages, avec cartes et croquis . . . . **9 fr. 75**

3e partie. — *Les Batailles.* 1910. Un vol. in-8 de 585 pages, avec cartes et croquis, et un atlas de 17 cartes in-folio . . . . **15 fr. »**

La Fortification dans la guerre napoléonienne. 1914. Un vol. in-8 de 92 pages, avec figures . . . . **2 fr. »**

GUERRE DE 1870

Le Plan de Campagne français. 1911. Un vol. in-8 de 104 pages. **(*Épuisé.*)**

GUERRE DE 1914-1918

L'Effondrement du plan allemand en septembre 1914. 2e édition. 1925. Un vol. in-8 de 160 pages, avec 22 cartes et croquis . . . . . **8 fr. »**

Ludendorff sur le front russe, 1914-1915. Manœuvres et batailles. 1925 Un vol. in-8, avec 24 croquis . . . . **6 fr. 75**

DIVERS

Clausewitz. 1911. Un vol. in-8, avec 17 cartes . . . . **6 fr. »**

Le Grand État-major et les États-majors d'armée. 1889. Brochure in-8. **(*Épuisé.*)**

Le Commandement et ses auxiliaires. 1893. Brochure in-8. . . **1 fr. 90**

Indications sommaires sur la bataille. 1891. Brochure in-12 . . **0 fr. 40**

La Manœuvre napoléonienne dans le combat de cavalerie. 1912. Brochure in-12, avec croquis. . . . . **0 fr. 75**

(BERGER-LEVRAULT, ÉDITEURS)

Général CAMON

LA MANŒUVRE

DE

WAGRAM

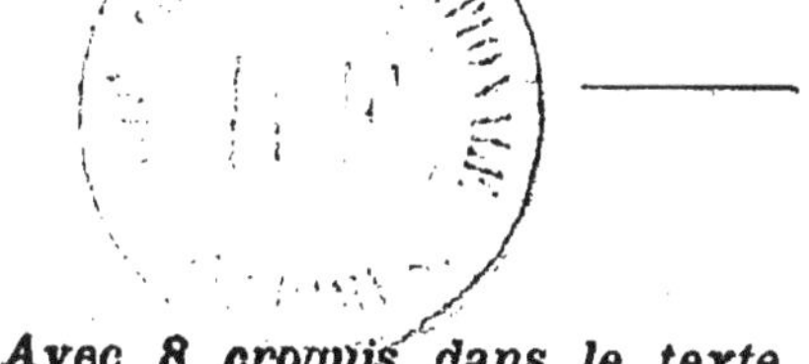

Avec 8 croquis dans le texte et 1 carte hors texte

PARIS

BERGER-LEVRAULT, ÉDITEURS

136, BOULEVARD SAINT-GERMAIN (VIe)

1926

OUVRAGES CONSULTÉS

NAPOLÉON : *Correspondance*, t. XVIII et XIX.

Général SASKI : *Campagne de 1809* (l'ouvrage s'arrête à Essling). Section historique du ministère de la Guerre.

Général PELET : *Guerre de 1809*, t. II.

THIERS : *Le Consulat et l'Empire*, Xe volume.

Colonel NORMAND : *Franchissement des fleuves en présence de l'ennemi*, 1924 (Fournier, éditeur).

LA

MANŒUVRE DE WAGRAM

23 AVRIL — 11 JUILLET 1809

La Manœuvre de Wagram est celle par laquelle Napoléon, après les batailles d'Abensberg, d'Eckmühl, de Ratisbonne et la retraite de l'archiduc Charles en Bohême, a conduit à vive allure notre armée à Vienne, par la rive droite du Danube, en vue de se porter sur les derrières de l'archiduc; a franchi le Danube devant Essling et Aspern en utilisant l'île Lobau, s'est heurté contre l'armée de l'archiduc entre Essling et Aspern, a dû revenir sur la rive droite en raison de la rupture de nos ponts; a repassé un mois plus tard sur la rive gauche sur des ponts de pilotis et a livré à l'archiduc la bataille décisive de Wagram.

Toutes ces opérations sont pièces d'une même manœuvre pour laquelle la dénomination de *Manœuvre de Wagram* est seule rationnelle.

SITUATION GÉNÉRALE AU 1er JANVIER 1809

La Cour de Vienne n'a pas pris son parti des défaites de 1805. Fin 1808, à l'instigation de l'Angleterre, elle décide de profiter de l'embarras où la guerre d'Espagne tient Napoléon. Elle espère soulever toute l'Allemagne contre nous.

Napoléon se refuse tout d'abord à croire aux desseins de l'Autriche. Pourtant, le 15 janvier 1809, il se décide à quitter Madrid. Le 24, il est à Paris. La situation est grave : 300.000 de nos meilleurs soldats sont immobilisés en Espagne; la Garde même s'y trouve. Napoléon, pour l'instant, n'a pas de forces à opposer aux Autrichiens sauf les 60.000 hommes de Davout sur le Danube. 60.000 hommes sont épars dans les places, du Rhin à l'Oder.

Il lui faut donc créer de toutes pièces une armée, et en secret, pour ne pas provoquer la rupture qu'il a tant d'intérêt à retarder.

Dès le 30 mars, aucune illusion n'est possible : le Conseil aulique a confié à l'archiduc Charles sa principale armée pour opérer en Allemagne, et à l'archiduc Jean une armée pour opérer en Italie.

Napoléon décide alors de réunir, au coude du Danube à Ratisbonne, des forces qu'il voudrait porter à 200.000 hommes pour agir contre l'archiduc Charles. Pour défendre l'Italie, il confie au prince Eugène, vice-roi d'Italie, son beau-fils, une armée de 45.000 hommes qui grossira jusqu'à atteindre près de 80.000 hommes.

9 avril. — Le 9 avril, l'archiduc Charles, débouchant de l'Isar à Landshut, se dirige sur Ratisbonne. Il compte y écraser les forces de Davout et faire sa jonction avec deux corps qui viennent à lui par la rive gauche.

17 avril. — Le 17, en arrivant à Augsbourg, l'Empereur apprend cette situation et, sur l'heure, imagine la manœuvre de Landshut.

Tandis que Davout, retraitant vers l'Ouest, sur la rive droite, attirera à sa suite l'archiduc, l'Empereur portera l'armée qu'il improvise avec les troupes de Masséna, d'Oudinot, de Vandamme, de Lefebvre, sur Landshut, c'est-à-dire sur les derrières de l'archiduc. Ainsi, ce dernier sera pris dans la nasse que forme le coude du Danube à Ratisbonne et dont cette place, que nous tenons, ferme la sortie du côté de la Bohême.

Malheureusement, le colonel Coutard, à qui Davout n'a laissé qu'un régiment pour tenir ce point capital de Ratisbonne, et qui est attaqué par les deux rives, capitule. La porte de la Bohême est ouverte à l'archiduc, il s'y réfugie.

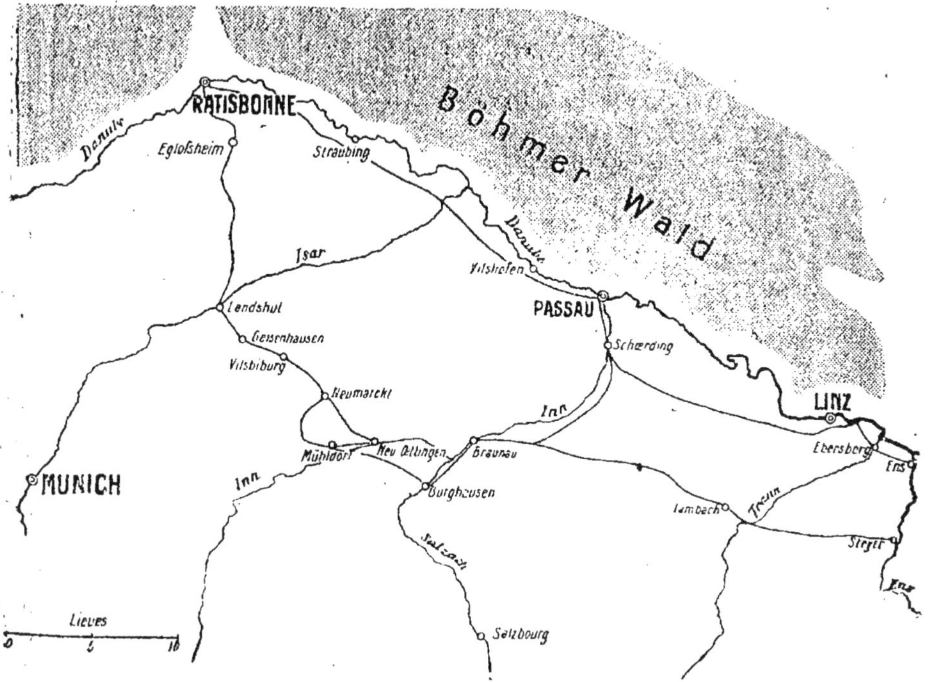

Croquis n° 1. — Les débuts de la marche sur Vienne.

L'armée autrichienne, très affaiblie par ses défaites d'Abensberg, de Landshut, d'Eckmühl, de Ratisbonne, va s'y reconstituer. La manœuvre est manquée. Pourtant ses résultats ne sont pas médiocres (1).

L'archiduc, a écrit Napoléon dans son 1er bulletin, était passé en Bohême en nous abandonnant toute sa ligne de communication. Nous avons pris à Landshut 9.000 prison-

(1) Voir pour le détail ma *Guerre Napoléonienne*. 1re partie. Précis des campagnes.

niers, 30 pièces de canon, 600 caissons de parc attelés et remplis de munitions, 3.000 voitures portant les bagages, 3 superbes équipages de pont... enfin les hôpitaux et les magasins que l'armée autrichienne commençait à former...

Napoléon va-t-il poursuivre l'archiduc Charles en Bohême? Il s'y heurterait aux positions que le prince, dans des montagnes boisées et couvertes de neige, prendrait successivement pour gagner le temps de se faire joindre par toutes les levées encore possibles dans la Monarchie.

En suivant les débris du prince Charles dans l'intérieur de la Bohême, a écrit Napoléon dans son 9e Bulletin, l'Empereur lui aurait enlevé son artillerie et ses bagages; mais cet avantage ne valait pas l'inconvénient de promener son armée pendant quinze jours dans des pays pauvres, montagneux et dévastés. L'Empereur n'adopta aucun plan qui pût retarder d'un jour son entrée à Vienne, se doutant bien que, dans l'état d'irritation qu'on (le Gouvernement autrichien) avait excité, on songerait à défendre cette ville qui a une excellente enceinte bastionnée et à opposer quelque obstacle. D'un autre côté, son armée d'Italie attirait son attention, et l'idée que les Autrichiens occupaient ses belles provinces du Frioul et de la Piave, ne lui laissait pas de repos...

Cette guerre que l'Autriche lui a déclarée au moment où il se croyait près d'en finir avec l'Espagne et de chasser les Anglais de la Péninsule, Napoléon a hâte d'y mettre fin pour empêcher l'éclosion d'une nouvelle coalition et pouvoir ramener le plus tôt possible nos forces en Espagne.

Et il compte bien y parvenir par la manœuvre qu'il va mettre en scène et que j'ai dénommée *Manœuvre de Wagram* (1).

---

(1) Le 22 avril, le soir même d'Eckmühl, Napoléon dit à Masséna : « De deux choses l'une : ou l'archiduc voudra livrer une seconde bataille en avant de cette place (Ratisbonne) et la guerre se terminera sous ses murs, ou il repassera le Danube et alors nous irons droit à Vienne. » (*Mémoires de Masséna. Campagne de 1809*, chap. IV.)

Il la construit sur le modèle de toutes ses manœuvres sur les derrières de l'adversaire, c'est-à-dire que, se couvrant du Danube, il gagnera Vienne à toute allure, pour y franchir le fleuve et se porter sur les derrières de l'archiduc, encore en Bohême.

Il l'acculera ainsi à la bataille, l'ayant coupé de la capitale, son grand centre de ravitaillement, et des trois quarts de la Monarchie.

La manœuvre sera en fait une *double manœuvre sur les derrières* et de l'archiduc Charles et de l'archiduc Jean. Ce dernier, qui a assailli, en Italie, l'armée du vice-roi, sera rappelé, lui aussi, sur la capitale, ce qui libérera l'Italie. Ayant Vienne comme centre d'opérations, Napoléon manœuvrera pour écraser les deux archiducs successivement.

La manœuvre de Wagram reproduit celle de Lodi avec sa course dérobée derrière un fleuve, mais elle est d'une autre envergure : 400 kilomètres séparent Ratisbonne de Wagram : il n'y avait que 90 kilomètres de Valenza à Lodi.

D'après ses calculs, Napoléon a bon espoir d'atteindre Vienne et de franchir le Danube avant que l'archiduc puisse s'y opposer. Pour gagner Vienne, ce dernier doit passer par Budweiss, d'où un détour de 100 kilomètres. Il sera en outre retardé par l'état de ses troupes, la difficulté de les nourrir, la nécessité de reconstituer son artillerie.

Mais tandis que nous courrons sur Vienne, l'archiduc Charles ne va-t-il pas, par une manœuvre inverse, se jeter sur nos derrières? Éventualité peu à craindre, car, ayant à reconstituer son armée, le prince ne peut avoir qu'une idée : nous devancer à Vienne.

Essaiera-t-il de repasser sur la rive droite à Straubing? à Passau? à Linz? à Krems? pour faire sa jonction avec le corps d'Hiller resté sur cette rive et prendre des positions successives en travers de la route de Vienne? Ceci serait plus à craindre. Mais Napoléon compte pouvoir, avec son corps d'avant-garde, tirer à temps le verrou devant chacun de ces passages du Danube.

Je diviserai l'étude de la Manœuvre de Wagram en deux parties :

Première partie : *La Course sur Vienne avec ses deux réactions :*

I. — Sur l'armée de l'archiduc Charles;
II. — Sur l'armée de l'archiduc Jean.

Deuxième partie : *Le Franchissement du Danube pour attaquer l'archiduc Charles :*

I. — Essling;
II. — Wagram.

PREMIÈRE PARTIE

LA COURSE SUR VIENNE

CHAPITRE I

RÉACTION SUR L'ARMÉE DU PRINCE CHARLES

23 avril. — Le 23, Ratisbonne est emporté d'assaut. Napoléon fait passer le Danube à la division de cavalerie légère de Montbrun et au corps de Davout. Montbrun et Davout devront profiter du désarroi de l'armée de l'archiduc pour lui faire le plus de mal possible et la pousser loin de Ratisbonne. Ce même jour, Napoléon déclanche sa marche sur Vienne.

Pour cette marche, d'ailleurs, il a déjà préparé une avant-garde. Quand d'Augsbourg, le 17 avril, Masséna a été lancé sur Landshut, le maréchal y a atteint le corps d'Hiller et l'a rejeté vers l'Est. Pendant les batailles d'Eckmühl et de Ratisbonne, l'Empereur n'a laissé devant Hiller que le maréchal Bessières, commandant la réserve de cavalerie, avec la division de cavalerie légère Marulaz qui pouvait être appuyée, le cas échéant, par les divisions de Wrède (bavaroise) et Molitor (4e de Masséna) maintenues à Landshut.

Hiller s'est retiré sur Geisenhausen.

Le 23 donc, Napoléon, pour sa marche sur Vienne, forme deux colonnes :

Colonne du Sud. Bessières : cavalerie de Marulaz, divisions de Wrède et Molitor. Lannes, avec son corps.

Cette colonne ira sur Mühldorf, Braunau.

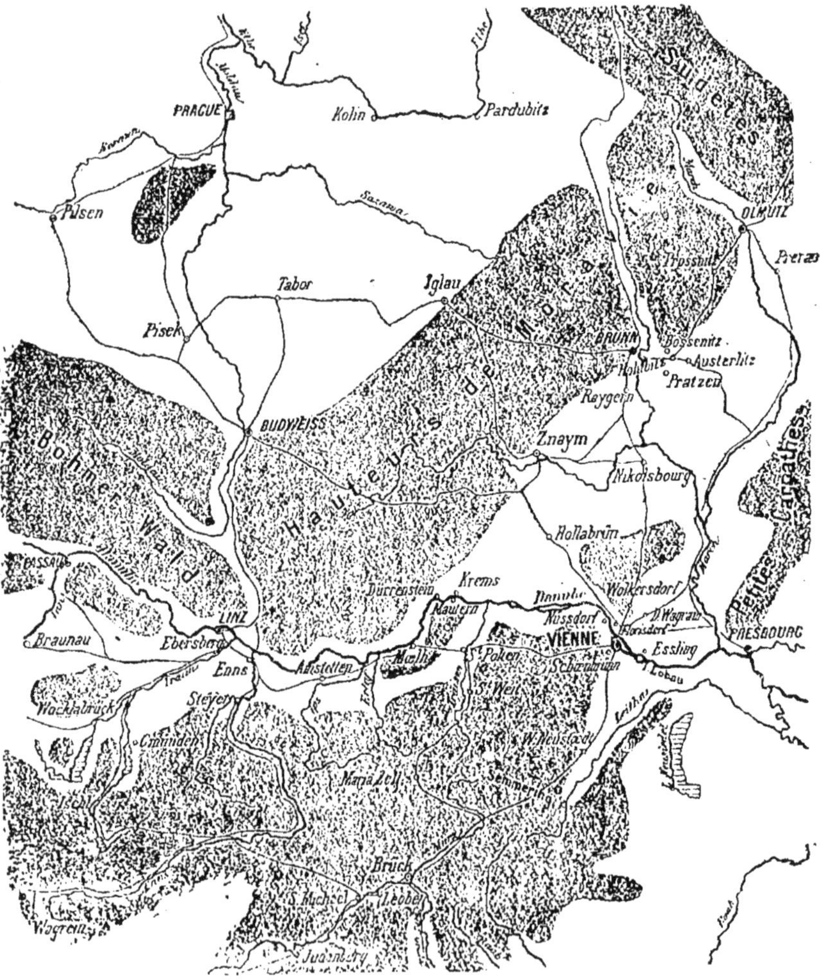

Croquis n° 2. — L'approche de Vienne.

Colonne du Nord. Masséna, avec ses trois divisions, qui ont été maintenues par Napoléon à Egglosheim pendant la bataille de Ratisbonne. Masséna suivra le Danube par Straubing, Vilshofen, Passau, Linz, Ens.

Davout, lorsqu'il aura poussé l'archiduc suffisamment loin de Ratisbonne, repassera sur la rive droite et suivra Masséna. Bernadotte, avec le corps saxon, suivra ultérieurement Davout. Masséna, Davout, Bernadotte s'échelonneront pour verrouiller successivement les points de passage du Danube et empêcher l'archiduc de repasser sur la rive droite.

La marche en deux colonnes offre un double avantage : d'abord on vivra plus facilement; ensuite, si l'une des colonnes se heurte à l'ennemi en position, l'autre colonne se portera sur les derrières de cette position : on évitera les pertes d'une attaque de front.

A l'extrême droite, le maréchal Lefebvre, avec deux divisions bavaroises, marchera par Munich sur Salzburg d'où il enverra des partis jusqu'à Rastadt, Brück, Léoben; Lefebvre gardera ainsi notre flanc droit et finalement se reliera à l'armée d'Italie.

Le 23, Bessières, avec la division de Wrède, se heurte aux 25.000 hommes d'Hiller en position à Neumarckt et doit rompre le combat.

24 avril. — Hiller se porte en avant; Bessières se replie sur Vilsbiburg où, rejoint par Molitor, il prend position pour attendre Lannes.

25 avril. — Le 25, Napoléon fait écrire à Masséna la lettre ci-après qui montre comment il entend le jeu des deux colonnes.

> Nous recevons la nouvelle qu'hier, 24, la cavalerie légère du duc d'Istrie (Bessières) a été attaquée à Neumarckt; que la division bavaroise du général de Wrède a soutenu un engagement contre un corps de 25.000 hommes et s'est reployée sur Vilsbiburg où elle a pris position avec la division

Molitor. Le duc de Montebello (Lannes) part demain de Landshut pour battre et rosser d'importance cette colonne. Soit que vous ayez passé l'Inn à Passau, soit que vous soyez seulement à Vilshofen, faites ce que vous pourrez pour manœuvrer cette colonne... Ce que je vous dis, Monsieur le Duc, ne doit être regardé que comme une supposition et un avis subordonné à la position où vous vous trouvez (1).

Le 24 et le 25, Napoléon reste à Ratisbonne, impatient de savoir ce qu'a fait l'archiduc. Montbrun lui mande que le prince Charles a franchi le Böhmer-Wald pour se porter sur Budweiss. Par contre, Davout croit que l'archiduc s'est seulement porté sur Cham d'où il pourrait revenir sur Straubing ou, par la vallée de la Regen, sur Passau.

Cette marche de flanc serait bien hasardeuse, écrit Napoléon à Davout, le 26 à 3 heures du matin. D'ailleurs vous ne me dites point sur quoi vous fondez votre opinion. Les renseignements donnés par le général Montbrun qui les a pris sur les lieux sont tout opposés. Tout porte à croire qu'il a pris la direction qu'annonce le général Montbrun. Cette marche est plus naturelle... J'ai bien de l'impatience de savoir ce que fait l'ennemi...

Dans la matinée, Napoléon se décide à quitter Ratisbonne pour rejoindre à Landshut le corps de Lannes et pousser ses têtes de colonnes vers l'Est. A 3 heures après-midi, il écrit à Davout :

Je n'ai pas besoin de vous répéter que votre instruction est générale [c'est-à-dire qu'il n'en a pas à attendre une nouvelle] et que du moment où l'ennemi se sera retiré en Bohême, vous devez marcher sur Passau, laissant à Ratisbonne la division Dupas jusqu'à ce que le prince de Ponte-Corvo (Bernadotte) ait appuyé (avec les Saxons) sur Ratisbonne. Il est important que vous vous trouviez à la bataille qui doit avoir lieu entre Passau et Vienne.

Cette dernière phrase demande une explication.

(1) Saski, t. 2, p. 27.

Napoléon, nous l'avons vu, est persuadé que l'archiduc ne hasardera pas son armée entre le Danube et le Böhmer-Wald, qu'il s'est porté sur Budweiss d'où, après avoir refait son armée, il essaiera de repasser sur la rive droite.

Il pourrait alors arriver, si Hiller nous retardait trop sur les rivières qui, du Tyrol, se jettent dans le Danube, que l'archiduc Charles pût repasser à temps sur la rive droite pour nous attendre en avant de Vienne.

Notre armée ne traîne pas d'équipage de ponts. Le matériel Gribeauval a donné tant d'ennuis en 1805, en raison de son poids, qu'on l'a, après la campagne, abandonné à Vienne.

Voulant marcher à vive allure, Napoléon compte, pour traverser le Danube, sur les bateaux du fleuve et, pour réparer les ponts des rivières détruits sur notre route, sur la célérité des sapeurs du génie, dirigés par un officier de grande valeur : le général Bertrand.

Les ponts d'équipage ressortissaient alors au service de l'artillerie; les autres au service du génie.

« Nous ne ressemblions pas aux Autrichiens qui traînaient après eux des moyens inutiles de passer les rivières, a écrit le général du génie Paulin dans ses *Souvenirs*, mais en peu d'instants, nos compagnies de sapeurs, grâce à l'habitude des travaux de guerre, avaient bientôt suppléé au manque de matériaux. » Pourtant Masséna traîne avec lui un équipage de 60 pontons pris à Landshut.

Qu'est devenu Hiller?

A la nouvelle de la retraite de l'archiduc en Bohême, il s'est mis lui-même en retraite, détruisant derrière lui les ponts sur la Rott, l'Inn et la Salza, à Neumarckt, Œtting, Mühldorf, Burghausen, Braunau, tous ponts en bois. Par malchance pour nous, les pluies de printemps gonflent à ce moment les rivières.

26 avril. — Le 26, Hiller est en position à Braunau. Bessières, qui marche sur la route de Landshut à Neu-Œtting, trouve à Neu-Œtting le pont sur l'Inn détruit et aussi le pont voisin de Mühldorf. Voulant prendre l'ennemi par derrière à Braunau, il doit attendre la réfection des ponts.

27 avril. — Le 27, il passe l'Inn; mais, quand il arrive à la Salza, à Burghausen, le pont est aussi détruit et la rivière, d'un fort courant, a plus de 100 mètres de largeur. Le pont ne sera rétabli que le 30 au matin (1).

Napoléon fait passer l'Inn à Lannes et pousse derrière Lannes, à Neumarckt, la Garde qui vient d'arriver en poste d'Espagne.

29 avril. — Masséna stoppe à Schœrding, les 29 et 30, pour attendre la colonne du Sud. Ainsi la réfection d'un pont sur la Salza fait perdre deux jours dans la marche sur Vienne.

30 avril. — Le 30, Napoléon prescrit à Masséna de se porter en toute diligence sur Linz et de tâcher d'avoir intacts le pont du Danube et celui de la Traun.

> Si l'ennemi (Hiller) veut défendre la Traun, fait-il écrire à Masséna par le major général, il prendra la position d'Ebersberg qui est à son avantage; mais il en sera chassé parce que l'Empereur fera passer la rivière à Lambach où la position est à l'avantage de la rive gauche.

L'Empereur se préoccupe de créer à Passau un centre d'opérations puissant.

---

(1) On m'a montré autrefois à Burghausen l'endroit où Napoléon, assis, une couverture sur les genoux, surveillait la construction du pont pour montrer aux sapeurs l'importance qu'il attachait à la célérité du travail. Une balle tirée sur lui de l'autre rive s'arrêta dans la couverture.

1er mai. — Le 1er mai, de Braunau, il écrit au major général (*Corresp.*, 15148) :

Le point de dépôt principal de l'armée est Passau. C'est là où, en cas de retraite, mon intention est de passer l'Inn, et c'est autour de Passau que j'ai le projet de constamment manœuvrer en cas d'un mouvement rétrograde de l'armée... Mon intention est de laisser constamment à Passau au moins 10.000 hommes de garnison.

Et il indique comment doivent être constituées les deux têtes de pont de l'Inn et du Danube; il veut sur l'Inn des ouvrages tels que 40.000 hommes ne puissent y forcer 10.000 hommes.

Napoléon ne croit pas que l'archiduc Charles puisse chercher à faire sa réunion sur Linz.

L'armée de l'archiduc Charles s'est toute jetée en Bohême, écrit-il le 1er mai à Masséna, et se dirige sur Budweiss; mais elle ne peut arriver vis-à-vis Linz avant le 7 mai, ce qui porte à penser que le prince Charles cherchera à faire sa réunion sur Krems.

Et il ajoute :

Vous n'aurez sûrement pas manqué de faire réunir et prendre à Passau le plus de bateaux que vous aurez pu, tant pour porter des subsistances que pour pouvoir jeter un pont.

3 mai. — Combat d'Ebersberg. — Le 3, Masséna, qui marche avec sa division d'avant-garde, la division Claparède, trouve Hiller en position en arrière de la Traun. Il croit pouvoir le forcer sans le secours de la colonne de Lannes; il fait des pertes sérieuses. Voici comment, le 4, Napoléon narre l'affaire à Lannes déjà à Steyer.

Le général Claparède avec sa division a passé hier à midi le pont d'Ebersberg, a pris de vive force la ville. Toute l'armée autrichienne, forte de 30.000 à 40.000 hommes, était rangée en bataille dans la plus belle position. L'ennemi ayant tiré des obus sur la ville y a mis le feu, qui a pris avec une telle rapidité qu'on n'a pu, pendant trois heures, communiquer avec le général Claparède, qui a tenu contre cette multitude. Le général Legrand est arrivé, qui a décidé la retraite de l'ennemi avec deux régiments. On a fait 4.000 prisonniers et pris 4 pièces de canon et un drapeau. Mais notre perte est forte; on ne peut pas l'évaluer à moins de 400 tués et 800 à 900 blessés. Je suis arrivé avec les divisions Nansouty et Molitor, et l'affaire est déjà finie. Aussitôt que j'ai su qu'ils avaient eu la sottise d'attaquer de vive force cette position renommée, et la seule redoutable sur la Traun, qu'il a fallu enlever, je me suis douté de quelque échauffourée.

L'ennemi a passé en désordre toute la nuit. Nous sommes entrés à la pointe du jour à Ens. Il y a laissé tous ses magasins et a brûlé le pont [sur l'Ens], qu'on va remplacer par un pont de bateaux, qu'on espère finir dans la journée... Aussitôt que j'aurai reçu vos lettres de Steyer et que je saurai si vous avez pu rétablir le pont, je vous ferai connaître les mouvements de demain. (*Corresp.*, 15155.)

A Steyer, la route de Lannes remonte à Amstetten d'où il n'y a plus qu'une route sur Vienne, celle qui longe le Danube.

6 mai. — Le pont de Steyer sur l'Ens n'est rétabli que le 6 au matin. Bessières le passe à 4 heures et atteint le soir Amstetten à 8 lieues d'Ens (1).

7 mai. — Le 7 au matin, Lannes arrive à Mœlk; Napoléon y arrive dans la matinée et aussi la tête de colonne de Masséna.

A partir de Mœlk, Napoléon forme un *corps d'avant-garde* aux ordres du maréchal Bessières. Le corps comprend une partie de la réserve de cavalerie et les deux divisions légères d'Oudinot du corps de Lannes (1). 80 boulangers

(1) D'Ens, le 6 mai, Napoléon écrit au vice-roi d'Italie : « Mon avant-gader est à Amstetten; nous serons dans peu de jours à Vienne. » (*Corresp.*, 15166.)

et 60 constructeurs de fours marchent avec Oudinot (1). Le général Savary, chef du service des renseignements, marche à l'extrême avant-garde.

Nous retrouvons ici le corps d'avant-garde de la manœuvre de Milan en 1796.

Napoléon, nous l'avons vu, ne croit pas que l'archiduc aille sur Linz; il suppose qu'il irait plutôt sur Krems. Toutefois, il maintient encore à Linz Davout et Vandamme pour le cas où le prince Charles s'y présenterait le 7 ou le 8.

> Mais je suppose, écrit-il à Davout, qu'il se dirige sur Krems. J'espère avoir assez de bateaux pour jeter là un pont; et peut-être me déciderai-je alors à manœuvrer sur les deux rives. J'attends de vos nouvelles avec impatience (c'est-à-dire ce que Davout et Vandamme ont pu apprendre sur l'archiduc). Tenez-vous prêt à partir à tout moment pour venir en deux jours à Mœlk... » Et il ajoute : « Traitez bien le général Vandamme et ne vous disputez pas. » (*Corresp.*, 15168, d'Ens, le 7, à 10 heures du matin.)

9 mai. — Arrivé à Saint-Pœlten, Napoléon étudie une concentration de ses forces autour de ce point pour le cas où l'archiduc voudrait déboucher sur nos derrières. Alors il manœuvrerait sur les deux rives.

> Si de Budweiss, où il paraît que le prince Charles était il y a quelques jours, il voulait manœuvrer sur nos derrières, il pourrait déboucher par les ponts de Mauthausen (embouchure de l'Ens) ou de Linz. Le général Vandamme qui sera chargé de surveiller ce point, devra avoir le commandement d'Ens et surveiller la route de Mauthausen et celle qui arrive à Linz, écrit-il à Davout, le 9, de Saint-Pœlten, à 4 heures du matin. Je pense que votre présence est encore nécessaire à Linz... Vos deux divisions qui sont en marche ne doivent pas trop se presser... Le second débouché par où l'ennemi

---

(1) « Vous donnerez l'ordre à la division Oudinot [en fait il y en a 2] de suivre le mouvement de la cavalerie... et vous prescrirez au général Oudinot de prendre les ordres de M. le maréchal Bessières pour le soutenir dans sa marche et prendre position où il lui ordonnera. » (Voir Pelet, t. 2.)

peut marcher sur nous est Krems et Mœlk qui peuvent être considérés comme un seul; mais l'un et l'autre sont si près de Vienne que c'est presque dans le centre des opérations... L'armée du prince Louis et du général Hiller a évacué Saint-Pœlten. Les trois quarts de cette armée ont passé le pont de Krems, l'autre quart s'est dirigé sur Vienne. La proclamation insérée dans les journaux de Vienne du 6 porte à croire qu'ils veulent défendre la ville avec la landwehr et les habitants.

L'Empereur, tout en prenant des précautions pour le cas peu vraisemblable où l'archiduc repasserait sur la rive droite à Linz et viendrait sur nos derrières, se préoccupe surtout d'arriver à Vienne le plus tôt possible et d'y devancer le prince Charles.

Dans les journées des 7, 8, 9, il prescrit à Bessières, à Masséna, à Vandamme, à Davout de faire ramasser tous les bateaux qu'ils pourront trouver « pour pouvoir jeter un pont sous Vienne ».

Il prescrit d'ailleurs à Bessières d'obliger l'ennemi à évacuer Mautern et à brûler le pont.

Le 9, à 6 heures après-midi, Napoléon est prévenu que l'ennemi a coupé le pont de Krems. C'est donc que l'archiduc n'a pas l'intention de déboucher par ce point et veut gagner Vienne.

Dès lors il faut arriver à Vienne le plus tôt possible.

L'ennemi a coupé le pont de Krems, écrit-il à Davout. Demain à midi je serai devant Vienne. Les habitants sont armés et paraissent vouloir se défendre. Nous verrons si ce sera une seconde scène de Madrid. Je réunis sous Vienne les corps des ducs de Montebello et de Rivoli. Je désire que vous réunissiez le vôtre à Saint-Pœlten. (P. 1581.)

De Saint-Pœlten, Napoléon écrit au général Colbert dont la cavalerie légère forme la pointe de son armée.

Donnez-moi des nouvelles de Vienne; à Sieghardskirchen on doit en avoir de hier. Quels travaux, quelles batteries a-t-on faites? Quelles portes de la ville veut-on défendre? Quelles proclamations a-t-on faites. Vous ne m'avez rien dit de tout cela. Envoyez-moi ce que vous trouverez aux postes aux lettres.

Le 9, à 6 heures du matin, le major général a écrit au roi de Bavière :

> Nous avons poursuivi hier le général Hiller et l'archiduc Louis qui, avec les débris de son armée, a repassé le Danube à Krems dans l'intention de se réunir au reste du corps que commande l'archiduc Charles.
>
> Environ 10.000 hommes se sont retirés sur Vienne; le général Colbert et le général Oudinot qui les poursuivent, ne sont plus à ce moment qu'à 4 lieues de Vienne. Le général Bruyère, avec un corps de cavalerie, se porte sur Brück pour menacer les derrières de l'armée qui est en Italie.

10 mai. — Devant Vienne. — Le 10 mai, à 9 heures du matin, Lannes arrive devant Vienne avec le corps d'Oudinot.

Vienne avait alors deux enceintes : la première, de 6.000 toises de développement, entourait les faubourgs. Elle pouvait être défendue comme la meilleure fortification de campagne.

La seconde enceinte était bastionnée et très solide; elle était séparée des faubourgs par une esplanade de 300 mètres.

L'archiduc Maximilien disposait, pour la défense de la capitale, de 10.000 hommes de troupes régulières et aussi de landwehrs.

Au faubourg de Mariahilf, à la première enceinte, Lannes et Oudinot ne trouvent pas de résistance; mais quand Oudinot veut traverser l'esplanade en avant de l'enceinte bastionnée, il est accueilli à coups de canon et doit stopper.

Le général Colbert, avec sa brigade légère, tourne la ville par le Sud et se porte à Simmering pour couper la route de Hongrie. A 3 heures, le corps de Masséna arrive et complète à l'Ouest l'investissement entamé à l'Est par Lannes. Napoléon établit son quartier général au château impérial de Schœnbrunn au sud de la ville.

De Schœnbrunn, il fait immédiatement adresser une sommation à l'archiduc Maximilien.

> Si Votre Altesse continue à vouloir défendre la place, Sa Majesté sera forcée de faire commencer les travaux d'approche et la ruine de cette immense capitale sera consommée en trente-six heures par le feu des obus et des bombes de nos batteries, comme la ville extérieure sera détruite par l'effet des vôtres.

Cette lettre ne parvint d'ailleurs à l'archiduc que le lendemain et resta sans réponse.

11 mai. — Le 11, Napoléon se résout à bombarder la ville. Il ordonne au général Andréossy de réunir tous les obusiers de l'armée pour commencer le bombardement à 10 heures du soir.

Il eût été du plus grand intérêt de mettre la main sur le grand pont du Danube, celui du Tabor, comme l'avaient fait en 1805 Murat et Lannes, et, pour y arriver, d'avoir intact le pont sur le petit bras, à Léopolstadt. Mais en 1805, Murat et Lannes avaient pu entrer sans combat dans Vienne, tandis que, cette fois, une forte résistance empêche d'atteindre ce pont.

Dans la matinée, Napoléon fait une reconnaissance vers le Prater et voit qu'il est possible de franchir facilement le petit bras qui limite au Sud ce parc et, une fois dans le parc, d'atteindre la route qui, de la porte de Léopolstadt, conduit au grand pont. Il prescrit de construire de suite un pont pour passer dans le Prater.

Dans la journée, il apprend que l'archiduc Charles a dû se mettre en mouvement le 7, de Budweiss, pour marcher sur Vienne. Comme il a 7 ou 8 marches à faire (200 kilomètres), il pourrait être devant la ville peu après le 14.

Il est donc pressant de passer sur la rive gauche.

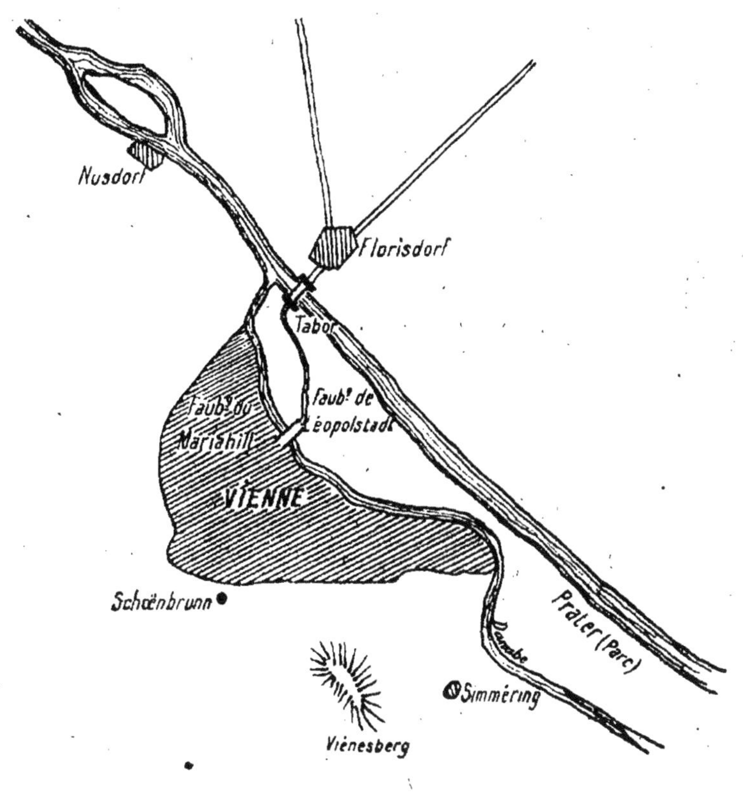

Croquis n° 3. — Vienne et le Danube.

A 11 heures du soir, Napoléon écrit à Songis, commandant l'artillerie de l'armée :

Mon intention est de jeter un pont sur le Danube demain ou après-demain. Je voudrais jeter ce pont entre Presbourg et Vienne.

12 mai. — Le 12, à 1 heure du matin, tandis que la ville flambe sous nos obus, Maximilien lance vers notre pont en construction au Prater une attaque qui échoue. Alors, craignant d'être pris avec la garnison, il profite des dernières heures de la nuit et du début de la matinée pour évacuer la ville, par Florisdorf.

A 11 heures, la division Boudet passe le pont du Prater et occupe le faubourg de Léopolstadt. A midi, la ville hisse le drapeau blanc. Pendant qu'on discute l'évacuation, les Autrichiens détruisent le grand pont sur le Danube.

La résistance de Vienne nous a causé un retard de quarante-huit heures, et a donné aux Autrichiens le temps de détruire le grand pont.

Le 13, à 6 heures du matin, Oudinot prend possession des portes du côté du Tabor.

Le général Andréossy, ancien ambassadeur à Vienne, est nommé gouverneur de la ville.

Le 13 mai, la première phase de la Manœuvre de Wagram est terminée. Napoléon va entreprendre de franchir le Danube pour combattre l'armée de l'archiduc Charles. Avant de passer à cette deuxième phase, il convient de voir la réaction sur l'armée autrichienne d'Italie de notre marche sur Vienne.

CHAPITRE II

RÉACTION SUR L'ARMÉE AUTRICHIENNE D'ITALIE

L'armée que Napoléon a confiée au prince Eugène pour la défense de l'Italie compte près de 80.000 hommes : 63.000 fantassins, 6.000 cavaliers, 108 pièces attelées (lettre de Napoléon du 16 mars). Comme chef d'état-major, il lui a donné le général Charpentier qui a été celui de Masséna sur le même théâtre en 1805.

En Dalmatie nous avons un petit corps sous les ordres de Marmont.

Dans la manœuvre, Eugène et Marmont jouent le rôle qu'a joué Masséna à Gênes dans la manœuvre de 1800 : ils doivent retenir et ralentir l'archiduc Jean.

1er avril. — Le 1er avril, les forces autrichiennes concentrées sur les frontières de l'Italie sous les ordres de l'archiduc Jean, comprennent :

Le 8e corps entre Tarvis et Villach; le 9e corps entre Laybach et l'Isonzo et une avant-garde : ensemble 48.000 hommes;

Le corps du Tyrol : Chasteler, 12.000 hommes;

Le corps de Dalmatie, 7.000 à 8.000 hommes, que doit augmenter l'Insurrection croate (sorte de territoriale);

Enfin, une réserve de 20.000 landwehriens.

Au total, une centaine de mille hommes. Le grand quartier général est à Grætz.

12 avril. — Le 12 avril, Napoléon envoie au vice-roi les instructions ci-après (*Corresp.*, 15061) :

Je suppose que vous avez appris que les Autrichiens ont commencé les hostilités et que vous vous serez porté à votre quartier en Frioul.

... J'attends avec impatience d'apprendre ce qu'ils auront fait en Italie; mais toutes les nouvelles me portent à croire qu'ils veulent rester là sur la défensive.

Vous aurez centralisé votre armée dans le Frioul. Vous aurez placé une division dans le débouché de Pontebba...

Libre de tout, vous vous conduirez suivant les mouvements de l'ennemi. Autant que je peux calculer, les principales forces de l'ennemi seront à Tarvis.

Laissez sur l'Isonzo de la cavalerie et une douzaine de mille hommes et portez-vous avec toute l'armée sur Tarvis, en ne donnant rien au hasard et en évitant les retranchements que l'ennemi a fait faire, afin de ne pas se casser le nez contre des redoutes... Réunissez bien toute votre armée.

Contrairement aux prévisions de Napoléon, les Autrichiens prennent, en Italie aussi, l'offensive.

10 avril. — Le 10, ils franchissent la frontière. L'archiduc s'engage avec le gros de son armée (8e et 9e corps) sur la route d'Udine et de Sacile.

15 avril. — Le 15, Eugène accepte la bataille, en avant de la Livenza, à Sacile, en rase campagne, sans avoir tout son monde. Il est battu et, sans essayer de défendre le ligne de la Piave qui aurait couvert Venise, il se retire en désordre et d'un bond sur l'Adige.

Lorsque, le 25, Napoléon l'apprend, il lui écrit de Ratisbonne :

Il est fâcheux que vous ayez livré bataille sans avoir votre cavalerie. Si vous vous êtes affaibli pour Vérone, vous avez eu tort. Devant livrer bataille, il fallait réunir toutes vos troupes et si vous l'aviez gagnée, vous n'aviez rien à craindre des troupes qui étaient dans le Tyrol.

Le 26, il écrit de nouveau à Eugène :

Vous portez votre attention sur le Tyrol d'où vous n'avez absolument rien à craindre. Indépendamment d'un de mes corps (Lefebvre) qui marche sur Salzbourg, que voulez-vous qu'y fasse une douzaine de mille hommes qu'une poignée d'hommes à Montebaldo peut tenir en respect ?... Si vous craignez une agression par le Tyrol, faites occuper les positions que j'ai occupées dans mes campagnes d'Italie, tous les tambours de votre armée les connaissent.

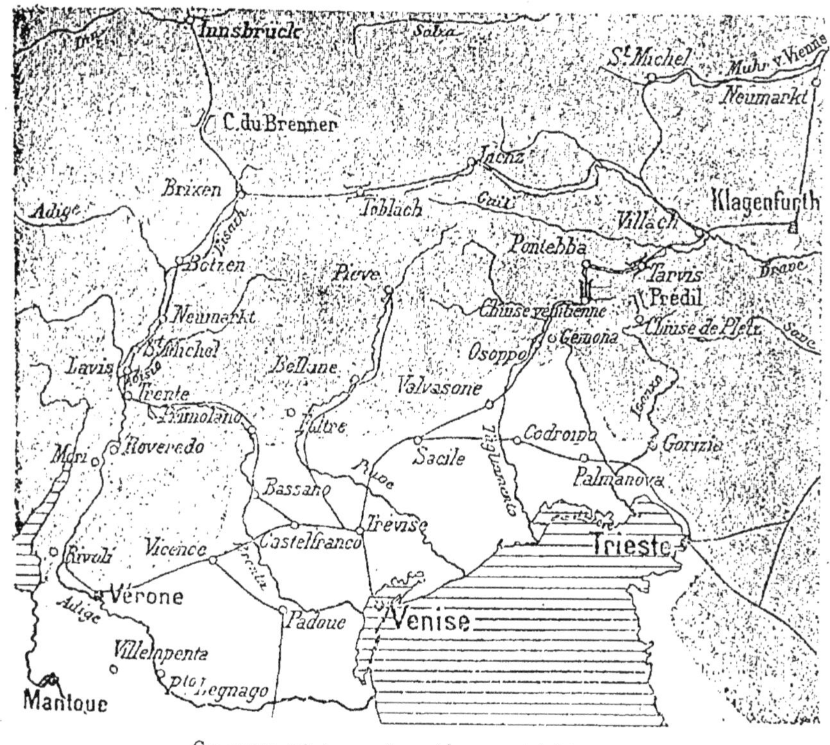

Croquis n° 4. — Les Alpes autrichiennes.

Le 30, de Burghausen :

... Je vois avec peine que vous avez abandonné la Piave... Si, au lieu de couper la tête de pont de la Piave, vous eussiez garni la tête de pont et que vous eussiez montré l'intention de vous y défendre, l'ennemi n'aurait pas osé passer cette rivière; Venise n'eût pas été bloquée, et tout le pays entre la Piave et l'Adige livré au pillage... Je vois avec peine que vous n'avez ni habitude ni notion de la guerre... (1).

A la guerre on voit ses maux et on ne voit pas ceux de l'ennemi. Il faut montrer de la confiance...

Je sais qu'en Italie, vous affectez de mépriser Masséna. Si je l'eusse envoyé, ce qui est arrivé n'aurait point eu lieu. Masséna a des talents militaires devant lesquels il faut se prosterner; il faut oublier ses défauts, car tous les hommes en ont. En vous donnant le commandement de l'armée, j'ai fait une faute; j'aurais dû vous envoyer Masséna et vous donner le commandement de la cavalerie sous ses ordres. Je pense que si les circonstances deviennent pressantes, vous devez écrire au roi de Naples (Murat) de venir à l'armée.

... Vous lui remettrez le commandement et vous vous rangerez sous ses ordres, ce sera d'un bon effet. Il est tout simple que vous ayez moins d'expérience de la guerre qu'un homme qui la fait depuis seize ans.

1er mai. — Le 1er mai, l'archiduc Jean ayant appris la marche de nos corps le long du Danube se mit en retraite.

Ce 1er mai, de Braunau, Napoléon écrit à Eugène :

Je ne doute pas que l'ennemi se soit retiré devant vous; il faut le poursuivre vivement en venant me joindre le plus tôt possible par la Carinthie. La jonction avec mon armée pourra se faire au delà de Brück. Il est probable que je serai à Vienne du 10 au 15 mai.

La grande route de Sacile (Frioul) à Vienne passe par le col de Tarvis, Villach, tourne ensuite à l'Est, passe à Klagenfurth en Carinthie où la rejoint la route qui vient de Laybach (Carniole). Elle prend alors la direction S.-N., passe à Saint-Weit, Neumarkt, puis, après avoir franchi les Alpes Styriennes prend la direction N.-E. par Judenburg, Saint-Michel, Léoben, Brück, passe au Semmering d'où elle descend sur Vienne.

7 mai. — Le vice-roi suit l'archiduc, passe la Brenta et, le 7 mai, arrive devant la Piave où l'archiduc s'est arrêté.

---

(1) Le prince Eugène a alors vingt-huit ans.

8 mai. — Le 8, Eugène force la Piave, large à ce moment de 150 mètres.

11 mai. — Le 11, il passe le Tagliamento. Continuant sa route, il emporte d'assaut les hauteurs de Sanct-Daniele.

16 mai. — Le 16, il enlève les retranchements de Malborghetto.

Il se dirige alors avec son gros sur la route de Vienne par Tarvis et Klagenfurt, et envoie Macdonald sur Gorizia pour faire la jonction avec le corps de Marmont.

L'archiduc Jean se retire, avec son 8e corps, par la route de Klagenfurt, et laisse Guilay, avec le 9e, devant Macdonald. Il donne l'ordre à Chasteler de le rejoindre en évacuant le Tyrol. L'archiduc se porte sur Grætz où son frère Régnier travaille à réunir les troupes de l'Insurrection hongroise.

Laissons pour l'instant l'armée d'Italie et revenons à Vienne.

DEUXIÈME PARTIE

FRANCHISSEMENT DU DANUBE

POUR PRENDRE PAR DERRIÈRE L'ARMÉE DE L'ARCHIDUC CHARLES

CHAPITRE I

ESSLING (21 mai)

Près de Vienne, le lit du Danube comptait en 1809 (1) de nombreuses îles et bancs de sable sur une largeur totale de 3 à 5 kilomètres. Mais à Nüssdorf, à l'ouest de la ville — où un pont avait été construit en 1805 — et à Fischament, à 8 lieues au-dessous, le fleuve se rétrécissait dans un lit unique. Ne disposant que d'un nombre peu considérable de bateaux, Napoléon eût voulu jeter un pont à Nüssdorf comme en 1805; mais la berge, remaniée depuis cette époque, est très élevée. De plus, une division autrichienne s'est établie en face de ce point.

Une tentative de passage que Lannes y fait, échoue. Napoléon décide alors de se borner sur ce point à des démonstrations, tandis qu'on effectuera le véritable passage non pas à Fischament, mais à l'île Lobau, à 2 lieues seulement au-dessous de Vienne, près du village d'Ebersdorf, dans une situation très favorable pour l'établissement des ponts. L'île Lobau forme un vaste bastion triangulaire dont la base, de 4 kilomètres de large, repose sur le grand bras du Danube. Sa hauteur est également de 4 kilo-

(1) Le lit du Danube a été régularisé depuis cette époque.

mètres. Le fossé qui sépare ce bastion de la plaine de la March (Marchfeld), est formé par un petit bras du fleuve de 90 mètres seulement de largeur.

Des troupes, qu'on passera en bateau, protégeront, à l'abri de ce fossé, la construction des ponts sur le grand bras, base du triangle. Ce bras est d'ailleurs coupé par

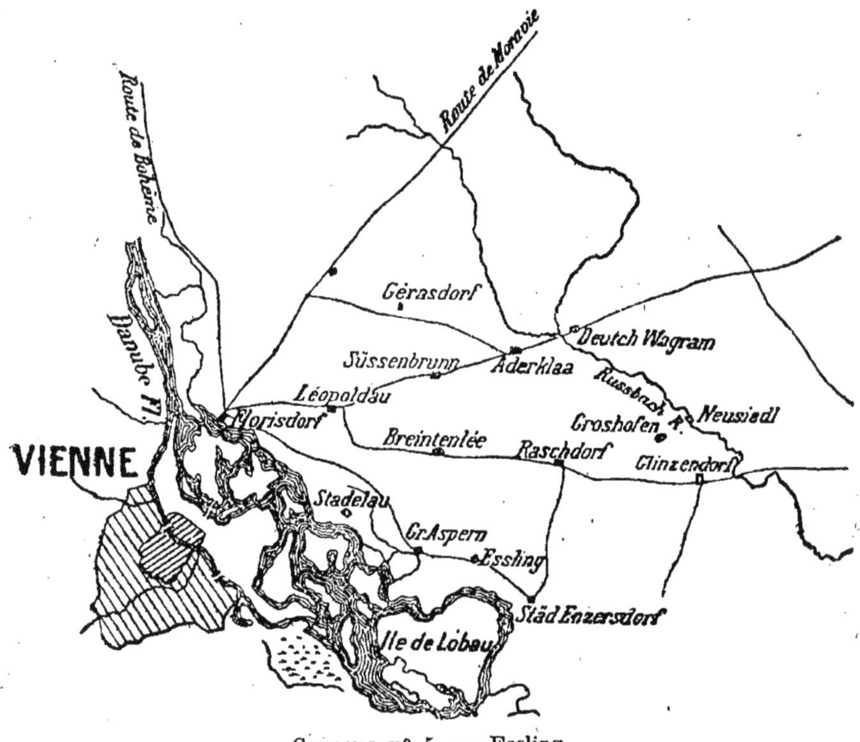

Croquis n° 5. — Essling.

deux îles, de sorte qu'au lieu d'avoir à faire un seul grand pont, travail colossal, on fera deux ponts, l'un de 460 mètres et l'autre de 320 mètres. Ces ponts construits, nos troupes se masseront dans l'île d'où elles pourront passer dans le Marchfeld par plusieurs ponts, de 90 mètres, rapidement jetés.

Pour les deux grands ponts d'une longueur totale de 780 mètres, il fallait un matériel considérable : 80 bateaux,

3.000 madriers (1), 400 poutrelles, 5.000 brasses de cordes, des ancres ou des paniers d'amarrage.

On se préoccupa de réunir en hâte ces matériaux. D'ailleurs les renseignements plaçaient l'armée autrichienne à ce moment à Brünn (*Corresp.*, 15193).

Ce ne fut que le 17 que ce matériel fut rassemblé, et le 16 déjà on signalait l'approche de l'armée autrichienne.

Concentration de nos forces pour le franchissement du Danube.

18 mai. — Le 18, Napoléon donne ses premiers ordres de concentration. Il écrit à Davout qui est à Saint-Pœlten :

> Les matériaux pour le pont commencent à être réunis. Nous commencerons l'opération ce soir; elle durera probablement deux jours.
>
> S'il n'y a rien de nouveau dirigez le général Friant sur Vienne et le général Gudin à mi-chemin. Le général Friant peut partir à 1 heure du matin et être rendu à 9 heures ou 10 heures à Vienne. (*Corresp.*, 15226.)

Le 19, Vandamme annonce tout à coup que les Autrichiens tentent de passer entre Mathausen et Altenburg, ce qui entraîne de nouveaux ordres à Davout. Heureusement l'alarme est vaine, ce n'est qu'une démonstration, et le 19, à 3 heures après-midi, Napoléon donne ses ordres définitifs pour le passage du Danube le 20 (*Corresp.*, 15233, 15234).

Il prescrit à Bessières d'être prêt avec sa cavalerie de réserve à passer à 5 heures du matin. Masséna suivra, puis Lannes à 9 heures.

Lannes sera remplacé à Nüssdorf par la division Gudin de Davout qui s'est avancée le 18 à Sieghartskirchen.

Davout devra jeter un pont à Nüssdorf, d'où notre

(1) Voir l'ouvrage du colonel Normand (Fournier, éditeur).

passage à Lobau aura fait retirer la division autrichienne; on aura ainsi une route directe de Vienne à Brünn.

> Vous ordonnerez, lui fait écrire Napoléon à 9 heures du soir, qu'on ramasse toutes les barques aussitôt que la rive gauche sera libre; ce qui doit être dans la journée de demain, puisque les ponts que l'Empereur fait faire à Ebersdorf, à 2 lieues au-dessous de Vienne, seront faits avant midi, et que notre cavalerie inondera la plaine.
>
> Nos pontonniers seront très nécessaires pour établir des trailles à l'emplacement des ponts brûlés de Vienne, pour pouvoir communiquer par la route la plus directe sur Brünn; car notre pont, comme je vous l'ai dit, est à 2 grandes lieues au-dessous de Vienne.

Napoléon entend qu'aucune de nos forces ne reste inemployée.

Obligé de laisser, pour la sûreté de nos derrières, Bernadotte et Vandamme à Linz et environs, au total 30.000 hommes, il prescrit à Vandamme, dont le quartier général est à Ens, de mettre 2.000 hommes dans la tête de pont de Linz pour rendre la liberté à Bernadotte. Bernadotte pourra alors entrer en Bohême (1) inquiéter ainsi l'archiduc et concourir à son encerclement final.

Le 19, à 8 heures du soir, Napoléon lui fait écrire :

> L'Empereur espère que le pont qu'il fait jeter au-dessous de Vienne sera prêt demain avant midi, et que dans la journée toute son armée sera sur la rive gauche.
>
> L'intention de l'Empereur, Prince, est que vous entriez en Bohême et que vous manœuvriez soit sur Budweiss, soit sur Zwettel, selon les circonstances et les mouvements de l'ennemi.
>
> Votre premier but doit toujours être de couvrir Linz; le second, d'éloigner l'ennemi du Danube, de Krems jusqu'à Vienne.

---

(1) Bernadotte a 3.000 hommes de cavalerie, 17.000 hommes d'infanterie, 48 pièces, au total 22.000 hommes (Saxons). Vandamme a 1.000 hommes de cavalerie, 8.000 hommes d'infanterie, 20 pièces (Wurtembergeois).

Eugène sera le 17 à Tarvis avec l'armée d'Italie.

Lefebvre a atteint le 13, entre Kufstein et Inspruck, Chasteler, qui essaie de soulever le Tyrol et l'a battu. Le 17, il est à Inspruck (15224).

En définitive, Napoléon, s'il sait l'armée de l'archiduc proche, ne la croit pas en mesure de s'opposer au passage. Il compte que sa cavalerie suffira à lui donner toute la plaine entre l'île Lobau et Vienne où il fera sa jonction avec Davout

Passage du Danube (20-21 mai).

17 mai. — Le 17, Lannes multiplie à Nüssdorf ses démonstrations de passage.

18 mai. — Le 18, à 5 heures du soir, la division Molitor (de Masséna) passe en bateaux le grand bras, débarrasse l'île Lobau des postes autrichiens qui s'y trouvent; s'y installe et repousse aussi, sur la rive nord, les détachements qui avoisinent le point choisi pour l'établissement des ponts.

Sous la protection de la division Molitor, on commence la construction des grands ponts.

20 mai. — Le 20, à midi, les ponts sont faits. Napoléon y passe le premier, avec Lannes et Masséna.

Entre 2 et 3 heures, dès l'arrivée par eau des bateaux d'équipage, on commence la construction du pont sur le petit bras.

A 5 heures après-midi, le fleuve grossit tout à coup. Les grands ponts sont rompus.

21 mai. — Ils ne sont rétablis que le 21, à 4 heures du matin.

A 10 heures du matin, ils sont de nouveau détruits et ne sont réparés qu'à 3 heures après-midi (1).

Le 21, a écrit Napoléon dans le 10e bulletin (*Corresp.*, 15246), l'Empereur, accompagné du prince de Neufchâtel et des maréchaux duc de Rivoli et de Montebello, reconnut la position de la rive gauche et établit son champ de bataille, la droite au village d'Essling et la gauche à celui d'Aspern, qui furent sur-le-champ occupés.

Il était temps, à 4 heures, l'archiduc Charles nous attaquait avec toute son armée. Nous n'avions encore sur la rive gauche que 3 divisions d'infanterie et 3 divisions de cavalerie.

Essling (21 et 22 mai)

Première journée (21 mai).

Le 21, à 4 heures après-midi, l'armée ennemie se montra. Le maréchal duc de Rivoli fut le premier attaqué, à Aspern. Il fit tourner à la confusion de l'ennemi toutes les attaques qui furent entreprises. Le duc de Montebello défendit le village d'Essling et le maréchal duc d'Istrie, avec la cavalerie légère et la division de cuirassiers Espagne, couvrit la plaine et protégea Enzersdorf. L'affaire fut vive; l'ennemi déploya 200 pièces de canon et à peu près 90.000 hommes.

Pendant la nuit, le corps du général Oudinot, la division Saint-Hilaire, 2 brigades de cavalerie légère et le train d'artillerie passèrent les trois ponts (10e bulletin, du 23 mai).

A 8 heures du soir, à la tombée du jour, s'était terminée la première journée de bataille. Masséna, Lannes et Bessières, avec 22.000 hommes, 8.000 cavaliers et 90 pièces, avaient résisté aux efforts d'une armée de près de 90.000 hommes, 15.000 cavaliers et plus de 200 pièces.

---

(1) Voir pour tous détails l'ouvrage du colonel NORMAND, *Franchissement des fleuves* (Fournier, éditeur).

A 9 heures du soir, de son bivouac près du Danube, Napoléon écrivait à Davout :

> Le pont s'étant rompu, on a perdu du temps. L'ennemi a attaqué avec toutes ses forces, et nous n'avions que 20.000 hommes de passés. L'affaire a été chaude. Le champ de bataille nous est resté.

Deuxième journée (22 mai).

22 mai. — Dans la nuit du 21 au 22 et la matinée du 22, le 2e corps en entier (3 divisions), les cuirassiers de Saint-Sulpice, la Garde et la division Demont purent franchir le fleuve. Mais les grands ponts sont rompus à 7 heures du matin par des bateaux détachés par les Autrichiens; ils ne furent réparés qu'à 4 heures du soir, pour être à nouveau rompus peu après.

Nous avions au delà du Danube environ 60.000 hommes et 144 pièces de canon.

A 4 heures du matin l'archiduc nous attaque.

« Le 22, à 4 heures du matin, le duc de Rivoli fut le premier attaqué », a écrit Napoléon.

L'ennemi s'acharna sur Aspern qui fut pris, repris et finalement nous resta.

Dès l'attaque sur Aspern, Napoléon, voyant l'ennemi occuper un si grand développement, décida de percer son centre avec le corps de Lannes.

7 heures. — Lannes s'avance en colonnes profondes. L'ennemi est culbuté. Napoléon songe à faire donner la Garde pour décider la victoire, quand, à 8 heures, il est avisé que de gros arbres et des moulins flottants ont rompu le pont qui joignait l'île Lobau à la petite île en arrière et que par suite les parcs de munitions, ceux de vivres, la division de cuirassiers Saint-Sulpice, le corps entier de Davout, sont arrêtés sur la rive droite.

8 heures. — Napoléon décide de surseoir à l'attaque de la Garde et ordonne à Lannes, qui d'ailleurs commence à manquer de munitions, de se maintenir sur le terrain conquis.

9 heures. — A 9 heures, l'Empereur est informé que la coupure des grands ponts vient d'être encore agrandie par le choc de nouveaux corps flottants et que de nombreux bateaux sont partis à la dérive.

Il envoie des officiers, dont le général Lejeune, aide de camp du major général, voir « de quelles ressources on pouvait disposer soit par des bateaux à rames, soit par des ponts volants pour faire passer encore du monde et des munitions » (1). Les bateaux manquant, Napoléon ordonne alors à Lannes de se replier pour appuyer sa droite à Essling, sa gauche se liant à Masséna qui, lui-même, par sa gauche tient Aspern.

L'archiduc, voyant le mouvement de repli de Lannes, revient sur ses pas. Ses efforts portent particulièrement sur Essling, mais Mouton, puis Rapp, contre-attaquent les Autrichiens épuisés par leurs efforts.

1 heure. — A 1 heure, le village nous reste; nous restons maîtres du champ de bataille.

Heures tragiques. — Ce furent des heures singulièrement tragiques, que celles que vécut Napoléon, de 9 heures du matin à 2 heures après-midi, c'est-à-dire entre le moment où, apprenant que les grands ponts étaient rompus et qu'on était sans moyens de faire passer munitions et renforts, il dut arrêter Lannes en plein succès et le moment où, reconnaissant qu'on ne pouvait refaire sûrement les ponts, il se résigna à ramener son armée dans l'île Lobau pour y attendre, séparé de l'ennemi par le petit bras du Danube,

(1) Souvenirs du général Lejeune.

la construction sur le grand bras de ponts indestructibles par les crues et les corps flottants de l'ennemi.

Quelle amertume ne dut-il pas éprouver à voir échouer au dernier moment cette manœuvre par laquelle il avait espéré pouvoir en un mois finir la guerre! De fait, un mois exactement s'était écoulé depuis Ratisbonne jusqu'aux journées d'Essling.

A midi et demi, il espère encore et fait écrire à Davout (p. 15243) :

> L'interruption du pont nous a empêchés de nous approvisionner; à 10 heures nous n'avions plus de munitions. L'ennemi s'en est aperçu et a remarché sur nous. 200 bouches à feu, auxquelles depuis 10 heures nous ne pouvions plus répondre, nous ont fait beaucoup de mal.
>
> Dans cette situation des choses, raccommoder les ponts, nous envoyer des munitions et des vivres, faire surveiller Vienne, est extrêmement important.
>
> Écrivez au prince de Ponte-Corvo pour qu'il ne s'engage pas en Bohême et au général Lauriston pour qu'il nous envoie des effets d'ambulance et des vivres de toute espèce.
>
> Aussitôt que le pont sera prêt, ou dans la nuit, venez vous aboucher avec l'Empereur.

Vers 2 heures, il n'y a plus à se faire d'illusions sur la réparation, en temps voulu, des ponts. Napoléon se résigne à prescrire à ses maréchaux de faire repasser leurs troupes dans l'île Lobau.

Vers 4 heures, il y repasse lui-même en bateau après avoir chargé Masséna de veiller au passage. Vers 3h 30 du matin, notre armée est rentrée dans l'île.

A nos pertes s'en est ajoutée une bien grave encore : celle de Lannes. Le maréchal assis, sur le soir, sur un talus, surveillait la retraite de ses troupes, quand il eut les deux jambes emportées.

La manœuvre est manquée : l'armée de l'archiduc n'a pu être assaillie par derrière. Notre insuccès va avoir dans toute l'Europe un immense retentissement.

Pour l'instant, il s'agit de faire arriver à tout prix des vivres dans l'île Lobau où l'armée se trouve concentrée.

23 mai. — Le 23, à 1 heure du matin, Napoléon fait écrire à Daru (*Corresp.*, 15245) :

Il est de la plus grande importance, Monsieur l'Intendant général, qu'aussitôt après la réception de cette lettre vous nous fassiez charger sur des bateaux 100.000 rations de pain ou de biscuit, si vous pouvez les fournir et autant de rations d'eau-de-vie; que vous leur fassiez descendre le Danube pour se rendre à la grande île, où est notre pont de bateaux, c'est-à-dire au deuxième bras, à gauche. Une grande partie de l'armée se trouvera cette nuit dans cette île et y aura besoin de vivres... Dans la situation des choses, rien n'est plus pressant que l'arrivée de ces vivres.

De cette journée du 22, Napoléon a donné le bulletin suivant :

Voyant que l'ennemi occupait un large espace de la droite à la gauche, on conçut le projet de le percer par le centre. Le duc de Montebello se mit à la tête de l'attaque, ayant le général Oudinot à sa gauche, la division Saint-Hilaire au centre et la division Boudet à la droite. Le centre de l'armée ennemie ne soutint pas les regards de nos troupes. Dans un moment tout fut culbuté. Le duc d'Istrie fit plusieurs belles charges qui toutes eurent du succès. Trois colonnes d'infanterie ennemie furent chargées par les cuirassiers et sabrées. C'en était fait de l'armée autrichienne lorsque à 7 heures du matin un aide de camp vint annoncer à l'Empereur que, la crue subite du Danube ayant mis à flot un grand nombre de gros arbres et de radeaux coupés et jetés pêle-mêle sur les rives dans les événements qui ont eu lieu lors de la prise de Vienne, les ponts qui communiquaient de la rive droite à la petite île et de celle-ci à l'île In-der-Lobau venaient d'être rompus. Cette crue périodique, qui n'a ordinairement lieu qu'à la mi-juin par la fonte des neiges, a été accélérée par la chaleur prématurée qui se fait sentir depuis quelques jours. Tous les parcs de réserve qui défilaient se trouvèrent retenus sur la rive droite par la rupture des ponts, ainsi qu'une partie de notre grosse cavalerie et le corps entier du duc

*

d'Auerstædt. Ce terrible contretemps décida l'Empereur à arrêter le mouvement en avant. Il ordonna au duc de Montebello de garder le champ de bataille qui avait été reconnu et de prendre position, la gauche appuyée à un rideau qui couvrait le duc de Rivoli et la droite à Essling...

L'ennemi était dans la plus épouvantable déroute lorsqu'il apprit que nos ponts étaient rompus. Le ralentissement de notre feu et le mouvement concentré que faisait notre armée ne lui laissaient aucun doute sur cet événement imprévu. Tous ses canons et ses équipages d'artillerie qui étaient en retraite se représentèrent sur la ligne et, depuis 9 heures du matin jusqu'à 7 heures du soir, il fit des efforts inouïs, secondé par le feu de 200 pièces de canon, pour culbuter l'armée française. Ses efforts tournèrent à sa honte... Le soir, l'ennemi reprit les anciennes positions qu'il avait quittées pour l'attaque, et nous restâmes maîtres du champ de bataille. Sa perte est immense. Les militaires dont le coup d'œil est le plus exercé ont évalué à plus de 12.000 hommes les morts qu'il a laissés sur le champ de bataille.

La perte de notre côté a été considérable... Le duc de Montebello a eu la cuisse emportée par un boulet le 22, sur les 6 heures du soir.

Les eaux du Danube croissant toujours, les ponts n'ont pu être rétablis pendant la nuit. L'Empereur a fait repasser, le 23, à l'armée le petit bras de la rive gauche, et a fait prendre position dans l'île d'In-der-Lobau, en gardant les têtes de pont...

Encore que la manœuvre n'ait pas donné le résultat décisif que Napoléon en espérait : l'anéantissement de l'armée de l'archiduc Charles, elle n'en avait pas moins donné des bénéfices considérables. Notre armée occupait la capitale de la monarchie autrichienne et disposait de toutes ses ressources dont elle privait l'adversaire. L'Empereur aurait pu attendre les propositions de paix qu'aurait bien fini par lui faire l'empereur François. Mais, comme il le dit dans le 25e bulletin :

C'eût été accréditer les impostures que l'ennemi a débitées et répandues avec tant de profusion dans son pays et dans les pays voisins; c'était laisser du doute sur les événements d'Essling; c'était enfin autoriser à supposer qu'il y avait égalité de consistance entre deux armées si différentes, dont l'une était animée et en quelque sorte renforcée par des succès et des victoires multipliées et l'autre était découragée par les revers les plus mémorables...

Il bridait d'ailleurs l'archiduc qui ne pouvait songer à passer le fleuve à l'est ni à l'ouest de Vienne, assuré qu'il était de voir Napoléon l'assaillir en plein passage. Comme celui-ci l'a écrit dans le 25e bulletin, l'archiduc

...convenait que son armée, trop nombreuse et pas assez maniable, s'exposerait à une perte certaine, si elle prenait l'offensive; mais en même temps il croyait qu'il était impossible de le déposter de la position centrale où il couvrait la Bohême, la Moravie et une partie de la Hongrie. Il est vrai que cette position ne couvrait pas Vienne et que les Français étaient en possession de cette capitale; mais cette possession était, jusqu'à un certain point disputée, puisque les Autrichiens se maintenaient maîtres d'une rive du Danube et empêchaient les arrivages des choses les plus nécessaires à la subsistance d'une grande cité...

Lui-même ne pouvait passer le Danube ailleurs qu'à l'île Lobau ainsi qu'il l'exposera le 19 juin au vice-roi (*Corresp.*, 15379).

Mon Fils, le projet que vous me présentez de passer sur la rive gauche du Danube vis-à-vis la position où vous êtes est un projet impraticable. Je n'entrerais dans aucun détail, si je n'étais persuadé que vous lisez mes lettres avec attention et que vous profitez de tout cela pour votre instruction.

Il y a de l'endroit où vous êtes à Vienne *six* marches de troupes. Si j'avais un pont dans cette position où vous vous trouvez, je ne pourrais pas y passer le Danube; car, pendant que je passerais, le prince Charles, avec la grande armée autrichienne, passerait le fleuve derrière moi à Vienne. En deux jours, il aurait fait un pont. Or Raab ne vaut pas Vienne (comme centre d'opérations); mon centre (d'opérations) et ma ligne de communication seraient bouleversés, et je me trouverais dans une fâcheuse position. Si je voulais passer le Danube à une si grande distance de Vienne, qui m'empêcherait de le passer à Linz, où j'ai un superbe pont et où je me trouverais dans une position bien différente, car je couvrirais mes derrières et je n'aurais rien à craindre devant moi (sur sa droite), puisque les rivières de la Traun et de l'Ens couvriraient Linz?

Ainsi je ne voudrais pas passer dans la position que vous m'indiquez, quand même j'y aurais un pont de pierre. Actuellement comment songer à passer en avant de Raab, n'ayant rien sur notre droite qui nous couvre de Bude et de toute la Hongrie, et qui garantisse ma ligne de communication de l'endroit où vous êtes avec Vienne? Car vous n'avez de ce côté aucune position.

Mais, en supposant que je passe sur la rive gauche, où marcher ensuite? Contre la grande armée autrichienne? Je ne la trouverai plus; elle sera sur la rive droite, se sera rendue maîtresse de Vienne, et d'accord avec les Hongrois de Bude, viendra attaquer ma tête de pont de la rive droite; et d'ailleurs, il me faudrait un autre corps pour tenir en observation du côté de Komorn, ce qui serait un immense et terrible inconvénient.

Le projet que vous présentez est donc fondé sur un faux raisonnement, car passer le Danube n'est rien. J'ai un pont à Passau, j'en ai un à Linz. Si on voulait jeter un pont sur la rive gauche de votre côté, il faudrait faire cette opération au-dessus de Raab, afin d'être protégé par cette ville qu'on suppose occupé par nous.

Jusqu'ici j'ai supposé que j'avais un pont de pierre dans la position que vous m'indiquez, mais je ne pourrais y avoir qu'un pont de bateaux, qui serait bientôt détruit par l'ennemi, comme l'ont été ceux de Vienne; il faudrait donc y établir une estacade. J'en ai une enfin mais voilà 15 jours qu'on y travaille... A la position d'Ebersdorf, j'ai aujourd'hui un pont sur pilotis, où trois voitures de front peuvent passer, et qui est aussi solide qu'un pont de pierre; j'ai donc des ponts où toute mon armée peut déboucher sur trois colonnes en huit heures et manœuvrer sur les deux rives. Enfin j'ai deux superbes têtes de pont sur l'une et l'autre rive, qui me permettent également ces manœuvres...

Napoléon décide donc de conserver l'île Lobau comme une immense tête de pont en avant des grands bras du

Danube. Sur ces grands bras, il fera construire des ponts sur pilotis, mis eux-mêmes, par des estacades, à l'abri de toutes les tentatives de destruction de l'adversaire. L'île, sur son pourtour, sera garnie d'ouvrages inexpugnables qui en feront un immense camp retranché dont le corps de Masséna forme la garnison.

Il amènera là ses parcs, y fera construire des boulangeries de campagne, des ambulances; ce sera pour notre armée un immense centre de ravitaillement après son passage du Danube.

Laissons ces travaux s'exécuter et voyons ce qu'était devenue, pendant ces événements, l'armée d'Italie.

Armée d'Italie.

26 mai. — Le 26 mai, l'avant-garde de l'armée d'Italie avait fait sa liaison au Semmering avec le petit corps de Lauriston que Napoléon y avait détaché.

28 mai. — Le 28, Napoléon écrit au vice-roi (*Corresp.*, 15266) :

> Sans comprendre le corps détaché du général Macdonald, vous devriez avoir aujourd'hui à Brück 24.000 hommes d'infanterie, 4.000 hommes de cavalerie et 2.000 hommes de la Garde; ce qui ferait 30.000 hommes et 60 pièces de canon.
>
> Le général Macdonald, que je suppose sur le point d'arriver à Grætz, vous renforcera de 15.000 hommes. Ainsi votre armée me renforce de 45.000 hommes non compris le corps de Marmont (1). Rectifiez mes idées là-dessus.

A cette date du 28 mai, on ne sait au juste où est l'archiduc Jean et quels peuvent être ses projets.

(1) Marmont s'est mis en marche aussitôt qu'il a appris que l'armée d'Italie était sur l'Isonzo. Napoléon compte qu'il arrivera le 5 juin à Laybach.

Napoléon est préoccupé pour le corps de Macdonald, dirigé sur Grætz et isolé du gros de l'armée d'Italie.

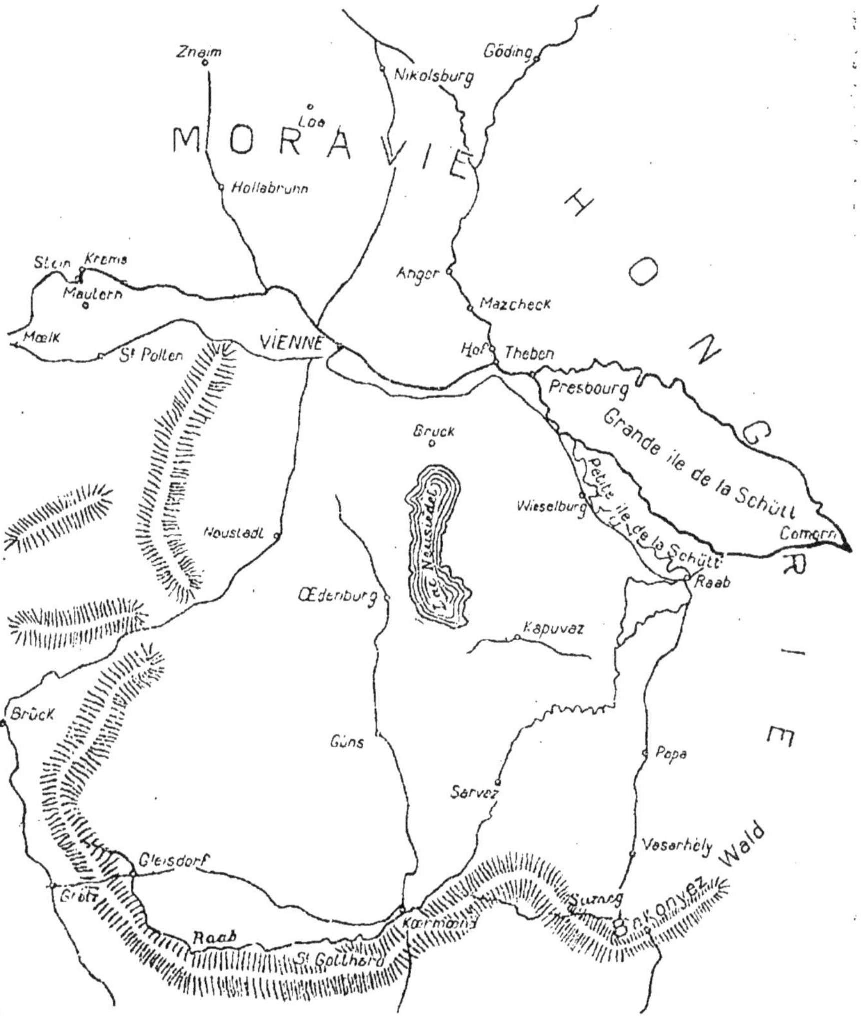

Croquis n° 6. — Croquis du terrain à l'est de Vienne.

A 8 heures du soir il écrit encore au prince Eugène (*Corresp.*, 15268) :

J'ai donné ordre à Lauriston de se porter avec une brigade de cavalerie et 2 régiments d'infanterie badois, qui forment son petit corps d'observation, sur Œdenburg, d'où il poussera des partis sur les flancs du prince Jean, qui *probablement* se rend à Raab. Attirez à vous tout le général Baraguay d'Hilliers, tout le général Grouchy. Retirez aussi tout ce qui est inutile sur vos derrières. Ordonnez qu'on fortifie Klagenfurt, qu'on mette de l'eau dans les fossés, et qu'on y forme un grand magasin; j'y avais déjà fait ces dispositions il y a seize ans. Faites venir le plus d'artillerie possible; il faut en faire venir, non seulement attelée, mais encore par réquisition, sur Klagenfurt. Je compte que votre armée, en en ôtant tout au plus un ou deux bataillons italiens, que vous laisserez à Klagenfurt, sera sur Brück demain et après, et que le corps de Macdonald sera à Grætz.

Il me tarde que Marmont soit arrivé à Grætz et qu'il envoie sur Grætz les détachements que Macdonald aurait laissés à Laybach. La situation des choses dans le Midi me décidera sur le parti que je prendrai pour l'armée de Dalmatie...

28 mai. — Le 28, on apprend que l'archiduc Jean a évacué Grætz la veille.

1er juin. — Le 1er juin, l'armée d'Italie a son gros à Neustadt.

Macdonald est entré à Grætz où il a trouvé d'immenses magasins. Marmont arrive à Laybach.

3 juin. — Le 3, Napoléon ne voit pas bien encore ce que veut faire l'archiduc. A 10 heures du soir, il écrit à Eugène :

Le général Lauriston mande que l'avant-garde du prince Jean paraît se diriger sur Œdenburg, ou du moins qu'au lieu de passer par Kœrmœnd il s'est dirigé entre Kœrmœnd et Œdenburg par Rechnitz... Je ne vois pas d'inconvénient que vous portiez votre quartier général à Œdenburg... et que vous vous mettiez à la poursuite de prince Charles pour lui couper la retraite, avec la seule condition qu'il ne passe pas sur votre droite, c'est-à-dire entre vous et Brück, ou entre Œdenburg et Neustadt (1).

... Je vous laisse le maître de vous porter à Œdenburg, sans

(1) C'est-à-dire que Napoléon veut le rejeter à l'Est et ne pas le laisser venir à l'Ouest.

vous donner d'ordre précis, parce que je suppose que vous avez reçu de Grætz, par le général Grouchy, et des postes que vous avez sur la droite, des nouvelles qui vous mettent à même d'agir selon mes intentions, qui sont renfermées dans cette idée : que vous tâchiez de faire du mal au prince Jean.

Vous le pouvez, s'il se retire sur Raab; vous ne pouvez rien s'il se retire sur Pesth (Buda-Pesth est à 80 kilomètres de Lomorn).

Enfin à Œdenburg vous ne serez pas plus éloigné de l'armée que de Neustadt. Encore un coup, il suffit que rien ne passe sur votre droite et ne vous coupe d'avec Brück et le général Macdonald...

4 juin. — Eugène se décide pour pousser son armée sur Œdenburg où il arrive le 4 au matin.

5 juin. — Le 5, Eugène apprend par Colbert que l'archiduc est entre Saint-Gothard et Kœrmœnd sur la Raab. Il se décide de marcher à lui et en prévient Napoléon.

6 juin. — Le 6, l'Empereur lui écrit une longue lettre lui indiquant la conduite à tenir qui est très délicate.

Napoléon voudrait qu'Eugène, sans s'éloigner trop de lui, puisqu'il va l'appeler pour la grande bataille, fasse le plus de mal possible à l'archiduc Jean et le rejette le plus loin possible de Vienne. Mais on ne peut rien préjuger des projets de l'archiduc.

Veut-il passer le Danube à Raab pour aller rejoindre l'archiduc Charles? Veut-il gagner Pesth pour rallier l'Insurrection hongroise et refaire une armée solide? Va-t-il rester en observation à Kœrmœnd derrière la Raab pour y attendre Macdonald et Marmont et agir sur les derrières de l'armée d'Italie? Dans le doute, Napoléon estime qu'Eugène doit marcher à lui.

15305. — A Eugène, vice-roi d'Italie, à Œdenburg, 6 juin :

Je reçois votre lettre du 5 à 10 heures du soir où je vois que Colbert a enfin rencontré l'archiduc Jean.

La première de toutes les choses que vous avez à faire est

de marcher ensemble et réunis. Je n'estime pas que les divisions Seras et Durutte et les cinq régiments de cavalerie du général Grouchy soient suffisants; il faut que le corps de Baraguay d'Hilliers et la Garde soient avec vous, de sorte que vous ayez dans la main 30.000 hommes qui marchent réunis de manière à donner ensemble et à se trouver sur le même champ de bataille en trois heures de temps.

Je laisse à votre disposition le corps de Lauriston; ce qui vous renforcera de 3.000 hommes d'infanterie et de 3 régiments de cavalerie de Colbert. Je laisse à votre disposition également la division Montbrun, qui est de 4 régiments de cavalerie. Pour le moment vous aurez 11 régiments de cavalerie légère et 3 régiments de dragons et un corps de près de 36.000 hommes. Envoyez au moins le moitié de ces 36.000 hommes en avant-garde pour marcher sur Kœrmœnd...

Vous ne recevrez pas cette lettre avant midi; il est impossible que vous n'ayez pas alors des nouvelles du général Lauriston, du général Montbrun, du général Colbert et même du général Macdonald, qui vous donneront des notions claires sur la situation du prince Jean.

Dans les plaines comme la Hongrie, il faut manœuvrer d'une autre manière que dans les gorges de la Carinthie et de la Styrie. Dans les gorges de la Styrie et de la Carinthie, si l'on gagne l'ennemi de vitesse sur un point d'intersection, comme Saint-Michel par exemple, on coupe une colonne ennemie; mais dans la Hongrie, au contraire, l'ennemi, aussitôt qu'il sera gagné de vitesse sur un point, se portera sur un autre. Ainsi je suppose que l'ennemi se dirige sur Raab, et que vous arriviez avant lui dans cette ville : l'ennemi, l'apprenant en route, changera de direction et se portera sur Pesth.

Dans la situation où se trouve l'ennemi, que doit-il faire? Doit-il abandonner la Styrie, la Carinthie, le corps de Giulay et tout le midi de la Hongrie, mettre à découvert Pesth des mouvements de Macdonald et de Marmont, pour passer sur la rive gauche du Danube? ou doit-il, au contraire, servir de noyau pour réunir toute l'Insurrection hongroise? Rallier les troupes qui ont fui devant le général Marmont, inquiéter votre ligne de communication de Grætz à Laybach et couvrir Pesth, qui après tout est la capitale de la Hongrie? Dans ce dernier cas, il serait possible que l'ennemi manœuvrât sur Kœrmœnd, derrière la Raab, inquiétât la communication de Grætz à Laybach et se tînt toujours en mesure de couvrir

Pesth; alors votre mouvement sur Raab vous éloignerait de lui, et pourrait même lui faire naître l'idée (car l'ennemi n'est pas comme nous, étant chez lui il est informé) d'attaquer Macdonald et de le culbuter. Je pense donc que le mouvement, d'abord sur Güns, ensuite sur Stein-am-Anger, ensuite sur Kœrmœnd, ou de Güns sur Sarvar, est le mouvement le plus sage, si toutefois vous n'avez pas d'autres renseignements que ceux que j'ai dans ce moment-ci.

Ce soir, vous pourrez marcher sur Güns avec la brigade Colbert, les 7 régiments de la division Grouchy et *beaucoup d'artillerie* (il faut mettre votre artillerie légère, au moins 12 pièces avec votre cavalerie) et les divisions Seras et Durutte. Le corps de Baraguay d'Hilliers peut arriver ce soir à Œdenburg, ou même arriver jusqu'à Güns, ou marcher à l'intersection de la route de Sarvar et de Raab sur Zinkendorf. Selon les renseignements que vous recevrez, vous pouvez combiner demain le mouvement de vos deux colonnes sur Sarvar ou sur Kœrmœnd. Le général Montbrun a dû être hier au soir 5, à Gols, et, comme il doit se lier avec le général Lauriston, vous ne manquerez pas d'avoir des nouvelles.

Pour moi, il ne me paraît pas encore prouvé que l'ennemi se retire sur Raab ni sur Kœrmœnd. Je pense qu'il restera en observation et qu'il se conduira selon ce qu'il verra des manœuvres qu'on fait contre lui, en se ménageant toujours la retraite de Pesth, et que, s'il se retirait sur Raab, il vaut mieux le déborder par son flanc gauche que par son flanc droit puisque, par ce moyen, vous passeriez la rivière du côté de Sarvar et le jetteriez dans le Danube; car à Raab et à Komorn, il lui faut au moins trois jours pour passer le Danube; et enfin dans cette manœuvre vous protégez le général Macdonald et le général Marmont, et que vous pouvez vous faire réunir par ceux-ci. Quant à la crainte qu'il puisse marcher sur Presburg, le duc d'Auerstædt est vis-à-vis. Il suffit que, si vous vous aperceviez de ce mouvement, vous le poussiez vivement. La seule précaution à prendre serait de laisser le général Montbrun reculer devant lui sur Brück, tandis que vous le poursuivrez vivement; mais cette combinaison me paraît extravagante.

7 juin. — Le 7, Eugène arrive à Güns.

9 juin. — Le 9, il se porte sur Sarvar.

10 juin. — Le 10, Macdonald venant de Grætz arrive à Kœrmœnd.

12 juin. — Le 12, l'armée d'Italie débouche sur Papa. L'archiduc Jean est en bataille un peu à l'Est; mais dans la journée il se met en retraite.

13 juin. — L'armée d'Italie se porte vers Raab où l'archiduc Jean, avec son armée et celle de l'archiduc palatin, a pris position, sa droite appuyée à la ville, sa gauche couvrant la route de Komorn.

14 juin. — *Bataille de Raab.* — Le 14, le vice-roi, à 11 heures du matin, range son armée en bataille en face de l'armée autrichienne, et l'attaque, avec 35.000 hommes contre 50.000, dit le bulletin (15356). A 4 heures du soir la position autrichienne est emportée et la victoire décidée. Notre cavalerie, arrêtée par des défilés, ne peut achever la déroute de l'armée ennemie.

Napoléon voudrait qu'Eugène rejette l'archiduc le plus loin possible de Vienne, sur Pesth, en l'empêchant de passer le Danube à Komorn.

15 juin. — Le 15, il lui écrit :
15353. — Au Vice-Roi, à Szabadhegy, 15 juin :

...Votre instruction générale est de poursuivre l'archiduc Jean et de lui faire le plus de mal que vous pourrez sans vous compromettre.

Il est probable que Raab n'est pas suffisamment fortifié pour que l'ennemi ose y mettre une garnison considérable de ses bonnes troupes. S'il n'y met que de mauvaises troupes, la ville étant investie, elle se rendra; ce qui donnera l'avantage de lui prendre du monde et d'avoir un bon poste. S'il y a là un camp retranché et que toute l'armée veuille y tenir, vous le menacerez et vous le couperez de ses communications avec Kœrmœnd. Enfin si l'archiduc fuit devant vous, vous le poursuivrez, pour qu'il ne puisse pas passer le Danube à

Komorn où il n'y a pas, je crois, de pont, et pour qu'il soit obligé de se réfugier à Bude, sans vous éloigner davantage de moi.

La ligne derrière le Raab me convient pour vous, puisque mes ponts sur le Danube vont s'achever et que je pourrai vous rappeler en quatre jours, en en dérobant au moins deux à l'ennemi; ce qui vous permettra de vous trouver à la bataille, tandis que l'ennemi ne pourra pas y être. Votre but est donc de l'empêcher de passer à Komorn, et alors de l'obliger à se jeter sur Bude, ce qui l'éloigne de Vienne.

Votre principale opération doit être de prendre Raab; s'il se peut, d'éloigner le prince Jean des frontières de la Styrie, et de faire tomber la citadelle de Grætz. Il me tarde d'apprendre que Marmont soit arrivé à Grætz, afin d'être assuré que ce point important est à l'abri de toute attaque, et d'avoir cette mauvaise citadelle.

Et le 16 :

Je suppose que le 15 toute votre cavalerie et votre artillerie légère se sont mises à la poursuite de l'ennemi. Ou l'ennemi a un pont à Komorn ou il n'en a pas; s'il en a un, il faut l'abattre, car il n'aura pas pu faire une estacade, ce qui est un travail long; il faut l'abattre en jetant dessus, au courant de l'eau, des moulins et de grands bateaux que vous ferez détacher, surtout pendant la nuit...

Vous aurez sans doute mis Macdonald, qui est frais, à la poursuite de l'ennemi pour l'empêcher de se placer vis-à-vis de Komorn et l'obliger à se réfugier sur Pesth...

J'ai envoyé l'ordre à Marmont de venir à Grætz. Aussitôt qu'il y sera arrivé, je vous ferai rejoindre par le reste du corps de Macdonald...

Napoléon désigne Lauriston, général d'artillerie, pour l'attaque de Raab : « Il faut bombarder la ville des deux côtés (de la Raab) pour essayer de l'avoir. » (*Corresp.*, 15367.)

18 juin. — Le 18, Napoléon prescrit à Eugène (15373) de prendre sa ligne d'opération principale de Raab sur Wieselburg—Brück puisque c'est par cette route qu'il l'appellera à lui.

« La chose importante aujourd'hui est de prendre Raab », de façon à pouvoir tenir à peu de frais, pendant la grande bataille, la ligne de la Raab.

Le 19, l'Empereur écrit à Eugène, qui est à Gönyö sur la rive droite de la Raab, deux lettres fort intéressantes.

La première lui répète son instruction générale (*Corresp.*, 15379) :

Votre seul but doit être désormais : 1° de faire croire que vous allez à Bude (Buda-Pesth) et que vous n'attendez que votre artillerie de siège pour vous y porter; 2° d'inonder la Hongrie des proclamations aux Hongrois et des autres écrits publiés à Vienne; 3° de prendre Raab; 4° de bien assurer, en attendant la reddition de cette ville, votre retraite derrière la rivière de Raab, au cas de bataille; 5° de vous défaire de tous vos embarras et d'évacuer vos blessés sur Vienne; 6° de rappeler toutes les garnisons, commandants et hôpitaux que vous avez sur différentes lignes, pour ne garder que la ligne de Raab à Œdenburg par Kapuvar et ceux de la ligne de Raab à Brück (1). Enfin ne conservez aucun embarras, car, aussitôt que Raab sera pris, et même sans attendre cette circonstance, je puis vous ordonner de venir à grandes journées sur Ebersdorf et vous sentez que pour cela il faut que vous soyez allégé de tous vos embarras.

Dans la journée, Napoléon écrit à nouveau à Eugène au sujet de sa ligne d'opération (*Corresp.*, 15380) :

Votre ligne d'opération n'est point raisonnée; vous êtes parti d'Œdenburg, et vous avez manœuvré selon les circonstances pour arriver à l'ennemi. Votre première ligne est une ligne qui doit être effacée. Donnez ordre que les garnisons et les commandants de place qui se trouvent de Raab à Grætz, d'Œdenburg à Kœrmœnd, de Papa à Grætz, rejoignent le quartier général et qu'il n'y reste pas un seul Français.

Ce sera, à la longue, des hommes qui seront perdus. Organisez la ligne de Raab à Œdenburg, en se rapprochant le plus possible du Danube; je crois que la route par Kapuvar est celle qui est le plus près.

---

(1) Brück, au nord du lac de Neusiedel.

Organisez également votre ligne de Raab à Brück, et de Brück sur Vienne; pour celle-là il faut être bien sûr de vos ponts sur la Raab et les faire promptement terminer.

On ne connaît pas la direction que vous avez donnée à vos blessés. Si tous ces gens-là ont passé par la ligne par laquelle vous êtes venu, les trois quarts sont perdus. Il faut donc avoir soin de les évacuer par votre nouvelle ligne. Il faut que votre chef d'état-major n'ait jamais fait la guerre (1).

La ligne d'opération ne peut jamais être celle par où on a marché, puisqu'on a marché selon les événements. C'est là le premier soin d'un général. Je réitère qu'on ne vous envoie de Grætz ni d'ailleurs aucun homme isolé, et qu'on réunisse tout en fortes colonnes. Faute de ces précautions, on fait en détail d'immenses pertes, et les armées se fondent.

21 juin. — Le 21, l'Empereur commence à penser à la concentration de ses forces pour la bataille. Il ordonne à Eugène de faire relever par ses troupes celles de Davout qui investissent Raab.

J'ai actuellement sur le Danube des ponts de bateaux et des ponts sur pilotis aussi solides que l'ancien pont de Vienne, écrit-il à Davout (15399). Il est probable que je ne tarderai pas à vous rappeler pour finir tout ceci par une grande bataille.

La Raab, barrière stratégique.

Napoléon tenait essentiellement à pouvoir utiliser la ligne de la Raab comme barrière stratégique, c'est-à-dire ligne de protection sur la rive droite du Danube.

Le 21, il écrit à Lauriston qui investit Raab (15401) :

Faites-moi connaître les avantages de la position de Raab pour protéger le corps d'observation et empêcher l'ennemi de déboucher de ce côté.

---

(1) Charpentier avait pourtant été en 1805 le chef d'état-major de Masséna. Le 18 juin, Napoléon le releva de ses fonctions et le remplaça par le général Vignolle.

Et, à Davout, de bien surveiller pour que l'ennemi ne puisse jeter des renforts dans Raab. Il est évident que si l'archiduc pouvait empêcher Raab de tomber, la ligne de la Raab ne pourrait être utilisée par nous.

Il me tarde d'apprendre, écrit l'Empereur à Lauriston (15398), que vous avez fait l'impossible pour vous emparer de Raab.

Le 23 au matin, Raab capitule. Napoléon y envoie aussitôt un de ses aides de camp, le général Narbonne, comme gouverneur.

Il mettra la place de Raab en état de soutenir un siège (15419).

Et il écrit au prince Eugène (15421) :

Vous sentez que, vous faisant venir sur Vienne pour assister à la bataille, je veux laisser un corps d'observation sur la Raab, composé d'infanterie, de cavalerie et d'artillerie. L'infanterie gardera la rivière tant qu'elle pourra, et se renfermerait dans la place si elle était forcée par des forces supérieures; la cavalerie se replierait...

Pour prescrire la concentration de ses forces pour la bataille, Napoléon n'attend plus que les 10.000 excellents soldats de Marmont. Le 28 il lui écrit (15454) :

Le 27 vous n'étiez pas à Grætz. Vous avez fait la plus grande faute militaire qu'un général puisse faire. Vous auriez dû y être le 23 à minuit ou le 24 au matin. Vous avez 10.000 hommes à commander et vous ne savez pas vous faire obéir... Que serait-ce si vous commandiez 120.000 hommes...? Marmont, vous avez les meilleurs corps de mon armée; je désire que vous soyez à une bataille que je veux donner, et vous me retardez de bien des jours. Il faut plus d'activité et plus de mouvement qu'il me paraît que vous vous en donnez pour faire la guerre...

CHAPITRE II

WAGRAM

A) Concentration de nos forces pour la bataille

Le 29 juin, à 11 heures du matin, Napoléon donne ses ordres pour la concentration de ses forces près d'Ebersdorf, et l'on ne saurait trop admirer les dispositions qu'il prend pour n'en laisser qu'un minimum en dehors de la bataille.

Au Vice-roi (15467) : Il faut que le 4, au soir, tout votre corps d'armée soit rendu à Ebersdorf. Tout le monde doit marcher à grandes journées. Il suffit que vous commenciez votre mouvement le 2; car je compte que de Raab ici il n'y a pas plus de trois jours de marche. Disposez vos autres corps de manière qu'ils soient déjà sur la route et qu'ils soient moins fatigués.

Vous avez déjà déterminé la garnison de Raab; un rideau de cavalerie légère pourra rester 24 heures de plus entre Raab et Komorn, afin de masquer davantage votre mouvement. La garnison de Raab pourra tenir des détachements d'infanterie aux différents ponts (sur la Raab), qu'il faut détruire afin de défendre Raab le plus longtemps possible. Il est nécessaire qu'une de vos divisions puisse être devant Presbourg le 2, afin que ce jour-là le duc d'Auerstædt puisse partir pour Ebersdorf. Ainsi vous devez avoir tout votre corps de bataille, moins une garnison d'un millier d'hommes que vous laisserez dans Raab, et un corps d'observation devant Presbourg.

A Davout (15465) : Le 5 je compte attaquer l'ennemi. Le 1er ou le 2, vous serez relevé à votre poste par une division du vice-roi, et que vous vous mettrez en marche pour Ebersdorf, où il est nécessaire que vous soyez rendu le 3. Le 4 tout le corps du vice-roi doit y être rendu... Je pense que de votre personne vous pouvez venir ici un peu plus tôt, afin de prendre connaissance de l'état des choses, de ce que vous aurez à faire...

A Marmont et à Broussier (15467), d'être arrivés le 4 sur Vienne.

Pour que le mouvement de Davout et du prince Eugène ne soit pas aperçu de l'ennemi, Napoléon leur prescrit de ne pas longer le Danube, mais de passer par Brück, « on serait alors tout à fait hors de vue de l'ennemi ».

Le 1er juillet, Napoléon écrit encore à Eugène (15479) :

Je vois avec plaisir que le 4 vous serez arrivé; Marmont et Broussier le seront aussi. Notre seule crainte est que l'ennemi ne tienne pas.

Et le 3 (15485) :

Je vous attends de votre personne le 4 à midi et votre corps avant 11 heures du soir, vu que le 5, à 2 heures du matin, j'attaque.

Il compte qu'Eugène lui amène de 30.000 à 32.000 hommes.

Dans le 24e bulletin, du 3 juillet, Napoléon écrivait :

Il n'existe plus de Danube pour l'armée française : le général comte Bertrand a fait exécuter des travaux qui excitent l'étonnement et inspirent l'admiration. Sur une largeur de 400 toises et sur un fleuve le plus rapide du monde, il a, en quinze jours, construit un pont formé de 60 arches, où 3 voitures peuvent passer de front. Un second pont sur pilotis a été construit, mais pour l'infanterie seulement, et de la largeur de 8 pieds. Après ces deux ponts vient un pont de bateaux. Nous pouvons donc passer le Danube en trois colonnes. Ces ponts sont assurés contre toute insulte, même contre l'effet des brûlots et machines incendiaires, par des estacades sur pilotis, construites entre les îles... Quand on voit ces immenses travaux on croit qu'on a employé plusieurs années à les exécuter.

L'île Lobau est une place forte; il y a des manutentions de vivre, 100 pièces de gros calibres et 20 mortiers ou obusiers de siège en batterie. Vis-à-vis Essling, sur le dernier bras du Danube, est un pont que le duc de Rivoli a fait jeter hier. Il est couvert par une tête de pont qui avait été construite lors du premier passage...

Forces maintenues en dehors du champ de bataille.

Les seules forces maintenues hors du champ de bataille, soit pour la protection de nos derrières, soit pour la protection de nos alliés, sont les suivantes :

Corps d'observation devant Presbourg : Général Baraguay d'Hilliers avec la division Severoli, 4.000 hommes et un régiment de cavalerie.

Corps d'observation du Semmering : Général Rusca, quartier général à Brück, 3.000 hommes.

Garnisons : A Raab, 1.200 hommes; à Klagenfurt, 1.200 hommes.

Pour tenir les ponts du Danube à l'ouest de Vienne :

A Linz : une division du corps de Lefebvre. « Moyennant la fortification de Linz la division qui s'y trouve doit être suffisante. »

(La 2e division de Lefebvre, division de Wrède, doit être le 3 juillet à l'est de Mœlk de façon à pouvoir être appelée à la bataille (15470).

A Mœlk : Vandamme.

A Saint-Pœlten : Les Saxons de Bernadotte, qui ont été appelés là le 5 juin (15297).

Par ses habiles dispositions, Napoléon amènera à la bataille près de 200.000 hommes, 40.000 chevaux et 500 bouches à feu.

L'archiduc n'y aura que 145.000 hommes; il laissera 125.000 hommes hors du point décisif.

L'armée française comprend les 2e, 3e, 4e corps (Lannes, Davout, Masséna), l'armée d'Italie (prince Eugène), le corps saxon (Bernardotte), l'armée de Dalmatie (Marmont), la division bavaroise de Wrède, la Garde impériale, la réserve de cavalerie (Bessières).

Encerclement de l'archiduc Charles.

Les forces qu'il est forcé de laisser en dehors du champ de bataille pour la protection des territoires alliés et la surveillance de la Prusse, Napoléon veut qu'elles concourent à l'encerclement de l'archiduc Charles.

Le 28 juin, il a prescrit à son frère Jérôme, roi de Westphalie, de porter son quartier général à Dresde et de se préparer à entrer en Bohême

> ...avec ses propres troupes, la division hollandaise, les troupes saxonnes, les troupes françaises et celles du grand-duché de Berg (15460).

Le 4 juillet il lui écrit :

> Je vous ai déjà mandé que de Dresde vous pouviez entrer en Bohême avec 3.000 Saxons, 12.000 hommes de vos troupes et 8.000 hommes du duc d'Abrantès (Junot), ce qui vous ferait 20.000 à 25.000 hommes.
>
> Avec ces forces réunies, vous pourrez pénétrer jusqu'à Prague, surtout si, comme je l'espère, j'entame demain l'armée du prince Charles et la pousse l'épée dans les reins... Si vous entrez en Bohême, vous pouvez être rejoint par les Bavarois (1 division) que commande le duc de Danzig, qui partiront de Linz et peut être par l'armée saxonne (1), ce qui porterait votre armée à 50.000 ou 60.000 hommes... Vous devez inquiéter la Bohême mais, pour faire une expédition sérieuse,

(1) Cette armée, nous l'avons vu, il l'a amenée à Saint-Pœlten pour pouvoir au besoin l'appeler à la bataille. C'est évidemment au cas où il ne l'aurait pas appelée qu'il la ferait entrer en Bohême par Krems.

il faut que vous connaissiez l'issue de la bataille de demain. Avec l'aide de Dieu, malgré ses redoutes et ses positions retranchées, j'espère écraser l'armée du prince Charles...

B) Deuxième passage du Danube

Le premier passage du Danube avait pu s'effectuer par surprise après une démonstration faite à Nüssdorf; l'ar-

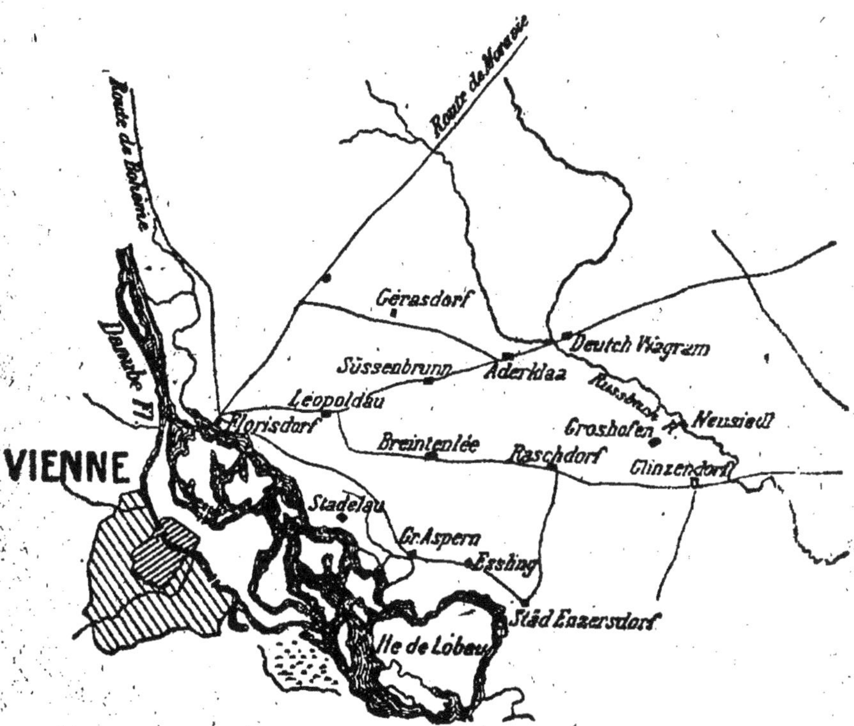

Croquis n° 7. — Le terrain de Wagram.

mée de l'archiduc n'était pas encore là; une seule division autrichienne, celle qui avait évacué Vienne, se trouvait vers Nüssdorf et n'avait pu s'opposer au passage.

Maintenant, il s'agissait de franchir le fleuve devant toute l'armée de l'archiduc Charles puissamment retranchée d'Aspern à Essling.

L'idée de Napoléon est, après des démonstrations de passage faites devant l'ancien champ de bataille, entre Aspern et Essling, en vue d'amener l'archiduc à déployer là son armée, de faire passer, de nuit, notre armée dans la plaine du Marchfeld en franchissant le petit bras du fleuve et de la déployer perpendiculairement au Danube, c'est-à-dire sur le flanc gauche de l'armée autrichienne.

Il espère alors assaillir cette armée dans le désordre de sa volte-face.

Napoléon avait calculé la concentration de ses troupes pour faire son passage dans la nuit du 4 au 5 et donné ses ordres en conséquence.

Mais le 30 juin, on lui signale tout à coup de grands mouvements dans l'armée autrichienne. L'archiduc Charles projette-t-il donc d'aller joindre l'archiduc Jean vers Presbourg?

Le 30 juin, à 11 heures du matin, il écrit au prince Eugène (15474) :

> Il y a beaucoup d'indices qui portent à penser que l'ennemi fait un grand mouvement. Hier, les postes vis-à-vis l'île Lobau ont été beaucoup diminués, un grand nombre de camps qu'on avait l'habitude de voir ont disparu; je prends des mesures pour m'assurer de cela. De votre côté, redoublez de surveillance et mandez-moi ce que vous apprendrez... Si l'ennemi avait évacué ses positions devant Vienne, il serait possible que je ne me décidasse point à vous faire venir... Ne contremandez rien et agissez comme si vous deviez être le 4 ou le 5 ici. J'ai bien de la peine à comprendre quels pourraient être les projets de l'ennemi s'il évacuait sa position vis-à-vis de Vienne...

Il ordonne une démonstration qui amènera, espère-t-il, l'armée autrichienne à se montrer.

> J'ai fait, ce soir à 5 heures, jeter l'ancien pont dans l'île, écrit-il à Davout à 10 heures du soir (15476), il a été jeté en une heure. Au premier coup de canon, l'ennemi s'est retiré

jusqu'à Essling; et, ce qui me paraît vraiment extraordinaire, à 7 heures on ne voyait aucun mouvement; il n'y avait qu'un seul bataillon à Essling, un ou deux à Enzersdorf et 2.000 à 3.000 hommes de cavalerie à Aspern; de sorte que, s'il fût entré dans mes projets de m'emparer de toutes leurs redoutes, je pouvais le faire. On a fait réparer la tête de pont, et demain, au jour, nous verrons si l'ennemi est là ou non...

Le 1er juillet, à 5 heures du matin, Napoléon écrit encore à Eugène (15479) :

Des bruits disaient que le prince Charles s'était porté ailleurs...

Mais le 2 juillet, à 3 heures du matin, il lui écrit :

L'armée du prince Charles est toute ici en bataille. J'espère que vous aurez commencé votre mouvement et que vous serez ici le 4, car le 4 au soir je passe...

Notre armée attendait anxieusement le passage.

Tous les renseignements que l'on avait sur l'armée autrichienne, a écrit Napoléon dans le 25e bulletin, du 8 juillet (P. 15505), portaient qu'elle était considérable, qu'elle avait été recrutée par de nombreuses réserves, par les levées de Moravie et de Hongrie, par toutes les landwehrs des provinces, qu'elle avait remonté sa cavalerie par des réquisitions dans tous les cercles, et triplé ses attelages d'artillerie. Pour ajouter de nouvelles chances en leur faveur, les généraux autrichiens avaient établi des ouvrages de campagne dont la droite était appuyée à Aspern et la gauche à Enzersdorf. Les villages d'Aspern, d'Essling et d'Enzersdorf et les intervalles qui les séparaient étaient couverts de redoutes palissadées, fraisées, et armées de plus de 150 pièces de canon de position tirées des places de la Bohême et de la Moravie. On ne concevait pas comment il était possible qu'avec son expérience de la guerre l'Empereur voulût attaquer des ouvrages si puissamment défendus, soutenus par une armée qu'on évaluait à 200.000 hommes tant de troupes de ligne que de milices et de l'insurrection et qui étaient appuyées par une artillerie de 800 à 900 pièces de campagne.

Le 2, à 11 heures du soir, Napoléon donnait ses ordres pour le passage dans la nuit du 4 au 5.

Désireux d'effacer des esprits le souvenir de l'échec d'Essling, dans le 24e bulletin, du 3 juillet, il s'exprimait ainsi :

> Enfin, il n'existe plus de Danube pour l'armée française : le général comte Bertrand a fait exécuter des travaux qui excitent l'étonnement et inspirent l'admiration... (Suit le détail déjà donné page 52).

Et il ajoutait ceci, destiné à égarer les Autrichiens au cas où le bulletin tomberait entre leurs mains :

> Vis-à-vis Essling, sur le dernier bras du Danube, est un pont que le duc de Rivoli a fait jeter hier. Il est couvert par une tête de pont qui avait été construite lors du premier passage.
>
> Le général Legrand avec sa division occupe les bois en avant de la tête de pont. L'armée ennemie est en bataille, couverte par des redoutes, la gauche à Enzersdorf, la droite à Aspern.
>
> A présent que le passage du Danube est assuré, que nos ponts sont à l'abri de toute tentative, le sort de la monarchie autrichienne sera décidé dans une seule affaire...

Deuxième passage.

Le 4 juillet, à 10 heures du soir, Oudinot, passant en bateaux avec 1.500 voltigeurs, chasse les postes ennemis des bois de Mühlleiten. De suite, par le petit bras, on amène devant ce point un pont de 60 toises d'une seule pièce, et 5 gros bacs.

> Le pont d'une seule pièce, le premier de cette espèce qui jusqu'à ce jour ait été construit, fut placé en moins de cinq minutes et l'infanterie y passa au pas accéléré (Bulletin).

Un autre pont de bateaux fut jeté en une heure et demie et un de radeaux en deux heures.

Comme l'armée, une fois le Danube passé, se déploiera sur une ligne perpendiculaire au fleuve et dont la gauche doit s'accrocher au village d'Enzersdorf, on bombarda de suite ce village pour en chasser l'ennemi.

A 11 heures du soir, des batteries dirigées contre Enzersdorf reçurent l'ordre de commencer leur feu. Les obus brûlèrent cette infortunée petite ville et en moins d'une demi-heure les batteries ennemies furent éteintes (Bulletin).

A 2 heures après minuit, l'armée avait quatre ponts et avait débouché la gauche à 1.500 toises au-dessous d'Enzersdorf, protégé par les batteries, et la droite sur Wittau. Le corps du duc de Rivoli forma la gauche, celui du comte Oudinot (le 2e corps, celui de Lannes que Napoléon lui avait donné après la mort de ce maréchal) le centre, et celui du duc d'Auerstædt la droite. Les corps du prince de Ponte-Corvo, du vice-roi et du duc de Raguse, la Garde et les cuirassiers, formaient la seconde ligne et les réserves.

Une profonde obscurité, un violent orage et une pluie qui tombait par torrents rendaient cette nuit aussi affreuse qu'elle était propice à l'armée française et qu'elle devait lui être glorieuse.

Journée du 5 :

Le 5, aux premiers rayons du soleil, tout le monde reconnut quel avait été le projet de l'Empereur, qui se trouvait alors avec son armée en bataille sur l'extrémité de la gauche de l'ennemi, ayant tourné tous les camps retranchés, ayant rendu tous ses ouvrages inutiles, et obligeant ainsi les Autrichiens à sortir de leur position et à venir lui livrer bataille dans le terrain qui lui convenait. Ce grand problème était résolu, et, sans passer le Danube ailleurs, sans recevoir aucune protection des ouvrages qu'on avait construits, on forçait l'ennemi à se battre à trois quarts de lieue de ses redoutes. On présagea dès lors les plus grands et les plus heureux résultats.

A 8 heures du matin, Enzersdorf, où l'ennemi n'avait laissé que 4 bataillons en raison du feu intense de nos batteries, fut occupé par Masséna.

L'Empereur fit alors déployer toute l'armée dans l'immense plaine d'Enzersdorf.

Cependant l'ennemi, confondu dans ses projets, revint peu à peu de sa surprise et tenta de ressaisir quelques avantages dans ce nouveau champ de bataille. A cet effet, il détacha plusieurs colonnes d'infanterie, un bon nombre de pièces d'artillerie et toute sa cavalerie, tant de ligne que d'insurgés, pour essayer de déborder la droite de l'armée française. En conséquence il vint occuper le village de Rutzendorf. L'Empereur ordonna au général Oudinot de faire enlever ce village, à la droite duquel il fit passer le duc d'Auerstædt pour se diriger sur le quartier général du prince Charles, en marchant toujours de la droite à la gauche.

Depuis midi jusqu'à 9 heures du soir, on manœuvra dans cette immense plaine; on occupa tous les villages; et à mesure qu'on arrivait à la hauteur des camps retranchés de l'ennemi, ils tombaient d'eux-mêmes et comme par enchantement. Le duc de Rivoli les faisait occuper sans résistance. C'est ainsi que nous nous sommes emparés des ouvrages d'Essling et d'Aspern, et que le travail de quarante jours n'a été d'aucune utilité à l'ennemi. Il fit quelque résistance au village de Raasdorf, que le prince de Ponte-Corvo fit attaquer et enlever par les Saxons. L'ennemi fut partout mené battant et écrasé par la supériorité de notre feu. Cet immense champ de bataille resta couvert de ses débris.

Vivement effrayé des progrès de l'armée française et des grands résultats qu'elle obtenait presque sans efforts, l'ennemi fit marcher toutes ses troupes, et à 6 heures du soir il occupa la position suivante : sa droite, de Stadelau à Gerasdorf, son centre, de Gerasdorf à Wagram, et sa gauche, de Wagram à Neusiedel. L'armée française avait sa gauche à Aspern, son centre à Raasdorf, et sa droite à Glinzendorf.

Certains écrivains se sont étonnés que Napoléon ait attendu jusqu'à midi pour porter en avant son armée déployée, donnant ainsi à l'archiduc le temps de revenir de sa surprise et de se préparer à recevoir notre attaque.

Il est certain que nous avons peu de renseignements sur cette matinée du 5.

Ce ne dut pas être une petite affaire que le passage sur trois ponts de bateaux de toute une armée avec son artillerie, ses trains, ses parcs de munitions — car Napoléon ne voulait pas cette fois engager la bataille sans ses parcs — et la prise d'un ordre préparatoire. Notons que le passage s'est effectué au milieu d'un violent orage.

A quelle heure fut-il terminé et l'ordre préparatoire pris? Qu'a fait notre cavalerie légère aussitôt après le passage?

La situation d'ailleurs était exceptionnelle. Séparé de l'armée autrichienne par le Danube, l'Empereur n'avait au moment du passage que les vagues renseignements qu'avait pu lui fournir une surveillance à la longue-vue soit de l'île Lobau, soit des tours de Saint-Étienne de Vienne. Sans doute avait-il aussi quelques rapports d'espions. Il semble bien avoir cru tout d'abord que l'armée autrichienne était déployée entre Aspern et Essling pour s'opposer à notre second passage comme elle l'a fait au premier.

Quoi qu'il en soit, il fallait bien commencer par éloigner les Autrichiens des ponts et cela par une marche vers l'Ouest.

Ce fut au cours de cette marche que Napoléon reconnut la véritable position des forces principales de l'archiduc.

Donc, à 6 heures du soir, Napoléon reconnaissait que l'armée autrichienne était ainsi déployée : « sa droite de Stadelau à Gerasdorf, son centre de Gerasdorf à Wagram et sa gauche, de Wagram à Neusiedel. »

Attaque brusquée (1).

Voyant l'immense ligne des Autrichiens, l'Empereur eut alors l'idée, en la perçant au centre, d'éviter une bataille rangée le lendemain.

> Dans cette position, a-t-il écrit, la journée paraissait finie, et il fallait s'attendre à avoir le lendemain une grande bataille, mais on l'évitait, et on coupait la position de l'ennemi en l'empêchant de concevoir aucun système, si dans la nuit on s'emparait du village de Wagram. Alors sa ligne, déjà immense, prise à la hâte et par les chances de combat, laissait errer les différents corps de l'armée sans ordre et sans direction, et on en aurait eu bon marché, sans engagement sérieux. L'attaque de Wagram eut lieu, nos troupes emportèrent ce village; mais une colonne de Saxons et une colonne de Français se prirent dans l'obscurité pour des troupes ennemies, et cette opération fut manquée. On se prépara alors à la bataille de Wagram...

C) La bataille (6 juillet)

Quelle fut l'idée de Napoléon pour la bataille? Il ne l'a pas précisée dans le bulletin, se bornant à dire qu'il rassembla ses forces sur son centre. Essayons de la deviner.

Quelles pouvaient être les intentions de l'archiduc? Trois hypothèses.

Il pouvait vouloir :

Attendre notre attaque sur la position;

Nous tourner par notre droite en appelant à lui les 30.000 hommes de l'archiduc Jean et nous couper du Danube;

---

(1) Cette attaque brusquée pour renverser le système de l'ennemi, Napoléon l'a répétée à la Moskowa. La veille de la bataille, il fit enlever par une attaque brusquée la redoute de Schwardino, que les Russes avaient construite pour appuyer leur gauche.

Voir ma *Guerre Napoléonienne*, 2e partie : Les Batailles, p. 336.

Se glisser le long du Danube pour nous couper de nos ponts.

Le rassemblement de nos forces sur un front de 6 kilomètres seulement, d'Aderklaa à Grosshofen, devant le centre autrichien, permettait à Napoléon d'agir avec succès dans l'une ou l'autre de ces situations.

Dans la première hypothèse, l'Empereur n'avait qu'à mettre en scène son plan normal : écrasement de la gauche autrichienne sous la combinaison, contre cette aile, d'une attaque de front et d'une attaque tournante exécutée par Davout. Ce faisant, il empêchait la jonction de l'archiduc Jean.

Dans les deuxième et troisième hypothèses, c'était le plan d'Austerlitz : Après avoir percé le centre et occupé les hauteurs, notre armée (2e hypothèse) attaquerait par derrière les forces autrichiennes courant vers l'Est et (3e hypothèse) se jetterait sur le flanc des forces glissant le long du Danube vers nos ponts.

> Il paraît, a écrit l'Empereur dans le bulletin, que les dispositions du général français et du général autrichien furent inverses. L'Empereur passa toute la nuit à rassembler ses forces sur son centre, où il était de sa personne, à une portée de canon de Wagram. A cet effet, le duc de Rivoli se porta sur la gauche d'Aderklaa, ne laissant sur Aspern qu'une seule division, qui eut l'ordre de se replier en cas d'événement dans l'île Lobau. Le duc d'Auerstædt recevait l'ordre de dépasser le village de Grosshofen pour s'approcher du centre. Le général autrichien, au contraire, affaiblissait son centre pour garnir et augmenter ses extrémités, auxquelles il donnait une nouvelle étendue.

6 juillet. — Le 6, à la pointe du jour, le prince de Ponte-Corvo occupa la gauche, ayant en seconde ligne le duc de Rivoli. Le vice-roi le liait au centre, où le corps du comte Oudinot, celui du duc de Raguse, ceux de la Garde impériale et les divisions de cuirassiers formaient sept ou huit lignes.

La division Reynier (du corps de Masséna) gardait seule l'approche de l'île Lobau.

Ainsi un trou de 7 kilomètres était laissé entre Aderklaa et Aspern. Quelle tentation offerte à l'archiduc de nous couper de nos ponts? Ce qui semble bien indiquer que le piège fut dans l'idée de Napoléon, c'est qu'il a placé le corps de Masséna à la gauche, en deuxième ligne, derrière les Saxons de Bernadotte. Si les Autrichiens tombaient dans le piège, Masséna n'avait qu'à converser à gauche pour se jeter sur leur flanc, tandis que Reynier reculerait pas à pas sur l'île Lobau.

La bataille demanderait une étude spéciale qui sort du cadre de ce travail (1). Je me bornerai ici à reproduire les lignes finales du bulletin. Les voici :

> Tel est le récit de la bataille de Wagram, bataille décisive et à jamais célèbre, où 300.000 à 400.000 hommes, 1.200 à 1.500 pièces de canon se battaient pour de grands intérêts sur un champ de bataille étudié, médité, fortifié par l'ennemi depuis plusieurs mois. 10 drapeaux, 40 pièces de canon, 20.000 prisonniers dont 300 ou 400 officiers et bon nombre de généraux, de colonels et de majors, sont les trophées de la victoire. Les champs de bataille sont couverts de morts... Tous les blessés de l'ennemi sont tombés en notre pouvoir... On peut calculer que le résultat de cette bataille sera de réduire l'armée autrichienne à moins de 60.000 hommes...

Le ton de ce bulletin, rédigé le 8, est sans contredit très modéré. Le 7, Napoléon avait écrit à Cambacérès, archichancelier de l'Empire :

> L'armée autrichienne est en pleine déroute et poursuivie dans toutes les directions...

---

(1) Voir ma *Guerre Napoléonienne*, 2e partie : Les Batailles.

Et à l'Impératrice, le 7 encore, dès 5 heures du matin :

L'armée ennemie fuit en désordre, et tout marche selon nos vœux... Mes pertes sont assez fortes; mais la victoire est décisive et complète...

Dès le 7, l'armée entama la poursuite tactique :

L'ennemi, coupé de la Hongrie et de la Moravie, se trouvait acculé du côté de la Bohême.

C'était le but de la manœuvre.

D) Poursuite stratégique

La journée du 7 fut en fait une journée de repos : nos troupes en avaient grand besoin. Dans la soirée, Napoléon organise la poursuite.

Tout d'abord, il constitue, sous le commandement de Marmont, un *corps de poursuite*, formé des deux divisions de ce général, de la division bavaroise de Wrède et des 3 brigades de cavalerie légère du général Montbrun.

A 9 heures du soir, il donne l'ordre à Montbrun, qui est à Auersthal, de se porter le plus loin qu'il pourra sur la route de Nikolsburg et d'éclairer du côté de Znaym.

A 11 heures du soir, il envoie à Marmont, qui est à Wolkersdorf, l'ordre suivant (15497) :

L'Empereur, Monsieur le général Marmont, ordonne que vous partiez à minuit avec votre corps d'armée pour vous approcher demain, le plus que vous pourrez, de Nikolsburg, culbuter l'arrière-garde ennemie et lui faire le plus de mal possible...

Sa Majesté met sous vos ordres, indépendamment de vos 2 divisions, la division de Wrède, qui a 36 pièces d'artillerie et 900 chevaux. Comme vous manquez de canons et que la division de Wrède en a plus qu'il ne lui en faut, cela remplacera ce qui vous manque. Sa Majesté ordonne également au général Montbrun, qui se trouve à Auersthal et qui commande 3 brigades de cavalerie légère de 3 régiments chacune, c'est-à-dire la brigade Colbert, celle Jacquinot et celle Pajol, d'être sous vos ordres...

Aussitôt que vous serez en mouvement, vous enverrez l'ordre à ces généraux de marcher en avant s'ils peuvent le faire sans infanterie.

Croquis n° 8. — La poursuite après Wagram.

Organisez quelques bataillons de voltigeurs et de l'artillerie, pour suivre la cavalerie légère et activer votre mouvement.

L'Empereur pense qu'avec une avant-garde composée de 20.000 hommes et 36 pièces de canon vous devez faire beaucoup de mal à l'ennemi. Je compte sur vos talents, comme sur votre zèle; ayez soin de me rendre compte deux fois par jour.

Tandis que Marmont s'efforcera de tourner la droite de l'archiduc et de couper celui-ci de la Bohême, le corps de Masséna, formant la tête de notre gros, poussera à Stockerau sur la route d'Hollabrunn pour se porter ensuite à Znaym où l'on suppose que s'est retirée la gauche de l'archiduc.

8 juillet. — Le 8, au matin, Marmont arrive à Wilfersdorf, à mi-chemin de Nikolsburg, et apprend que la droite ennemie se retire vers Znaym. Il tourne à gauche pour la rejoindre. Napoléon prescrit à Davout d'aller prendre position à Wilfersdorf, avec son corps et les divisions de dragons Grouchy et Arrighi. Là il sera en mesure de soutenir Marmont.

9 juillet. — Le 9, à 3 heures après-midi, Masséna a un engagement à Hollabrunn et apprend que toute l'armée ennemie se retire sur Znaym.

10 juillet. — Le 10, à 8 heures du matin, Napoléon décide de réunir ses forces vers ce point pour le cas où l'archiduc Charles voudrait faire tête. Il fait écrire par le major général à Davout :

Le duc de Rivoli a eu hier, Monsieur le Maréchal, un engagement, à 3 heures après midi à Hollabrunn. Toute l'armée ennemie se retire sur Znaym; il est donc nécessaire de marcher en toute hâte sur le général Marmont. Ce dernier a couché hier à Laa, et marche aujourd'hui sur Znaym; dans la journée il doit être aux prises avec l'ennemi. Il est donc important que vous marchiez pour arriver à son secours d'ici à une heure.

L'Empereur se mettra en marche à la tête de la cavalerie de sa Garde et de son artillerie (16 pièces) pour se diriger vers le général Marmont, et aller où il entendra le canon. Le général Oudinot et la garde à pied suivront la même direction ce soir, quand ils seront reposés...

11 juillet. — Le 11, Napoléon est à 2 heures du matin à Laa, d'où il envoie une verte semonce à Marmont (15514).

L'officier du génie italien que vous avez expédié est arrivé à minuit; il a donc mis six heures pour faire cette mission. Depuis, il n'est arrivé personne. Cet officier pouvait s'égarer. Les règles de la guerre voulaient que vous en envoyassiez trois à une demi-heure de distance les uns des autres. Je n'ai trouvé à Laa aucun commandant, aucune garnison, pas même un poste à vos ponts; cependant, si les hussards, qui rôdent dans la plaine, étaient venus les brûler, votre retraite eût été compromise. Vous n'avez pas appris cette insouciance en servant avec moi. Comment n'avez-vous pas laissé des postes de cavalerie pour jalonner la route et pour que vos nouvelles arrivassent promptement?

Le duc d'Auerstædt avait ordre de vous appuyer; vous l'avez si peu pressé de venir à vous, qu'il s'est porté sur Nikolsburg, c'est-à-dire à deux journées de vous; heureusement qu'hier je l'ai fait revenir. La lettre que vous lui écrivez n'est pas assez pressante. Il est tout simple qu'aucun général n'aime à servir en seconde ligne. Je monte à cheval avec toute la cavalerie, mais il est déjà 2 heures du matin. Ayez soin de ne rien engager de sérieux jusqu'à ce que je sois à portée...

Envoyez-moi quelqu'un qui connaisse bien votre position et celle de l'ennemi. Quel est le village pris et repris? Faites m'en un croquis, que vous m'enverrez en route..

Le 12 juillet, une suspension d'armes est signée à Znaym La paix ne le sera que le 13 octobre. Jusqu'à cette date, Napoléon demeura à Schœnbrunn.

La barrière de couverture vers l'Est pendant la poursuite de l'archiduc.

Dans chacune de ses manœuvres, Napoléon, dès qu'il est parvenu sur les derrières de l'armée ennemie qu'il veut écraser, se préoccupe de mettre la main sur une barrière stratégique, d'ordinaire un cours d'eau, dans le double but : 1° d'empêcher quelque corps ennemi de venir sur les derrières de notre armée après qu'elle a fait volte-face vers l'armée qu'elle poursuit; 2° de barrer la retraite à des fractions de cette dernière qui tenteraient de lui échapper par la suite.

Cette barrière, ce fut l'Adda dans la manœuvre de Milan en 1796, le Lech dans celle d'Ulm en 1805. Ici, la barrière qui s'offrait à Napoléon, c'était la March ou Morava, cours d'eau important, navigable depuis Gœding à 80 kilomètres de son confluent avec le Danube et sujet à de fortes crues.

Cette barrière stratégique, Napoléon ne put cette fois l'organiser qu'après la bataille, ayant eu besoin de toutes ses forces contre l'archiduc Charles. Il avait pourtant à craindre l'arrivée de l'archiduc Jean, mais il espérait que, trompé par les démonstrations faites à l'est de Raab par le vice-roi, l'archiduc apprendrait trop tard le départ de l'armée d'Italie pour arriver à la bataille. Nos divisions de cavalerie de deuxième ligne devaient, le cas échéant, se porter à la rencontre de l'archiduc pour le retarder. L'archiduc Jean n'approcha pas.

Le 9 juillet, Napoléon donne au prince Eugène des instructions pour l'organisation de la barrière de la March.

15506 *Au Vice-Roi, à Stammersdorf.* 9 juillet,

Monseigneur, l'Empereur ordonne que, demain, à 1 heure du matin, vous fassiez partir votre cavalerie légère, la division du général Pully et la cavalerie saxonne; ce qui formera environ 4.000 hommes de cavalerie, que vous ferez appuyer de plusieurs divisions d'artillerie légère et par 3.000 à 4.000 hommes d'infanterie; et que vous dirigiez ce corps sur la March, afin de jeter sur la rive gauche tous les partis ennemis qui se trouvent encore sur la rive droite de cette rivière, et de vous emparer des ponts. On suppose que l'ennemi peut être à Hof, à Marchegg, à Anger ou Durnkrut. Il faut tâcher que dans la journée de demain, la March soit couverte de vos postes jusqu'à la hauteur de Gœding (1)...

Hier matin (8) il n'y avait rien de nouveau vis-à-vis Presbourg. Où était donc l'archiduc Jean? Il paraît qu'il voulait se réunir au prince Charles et que l'issue de la bataille l'en a empêché. Ce qu'il y a de probable c'est que l'archiduc Jean aura laissé un corps d'observation sur la basse March et se sera porté, avec le reste de ses forces et l'Insurrection hongroise, sur Gœding pour maintenir la communication du prince Charles avec la Hongrie et inquiéter la droite de notre armée qui marcherait sur Brünn.

Vous sentez, Monseigneur, que tout ceci n'est que conjonctures, et, comme votre objet a pour but d'être opposé à l'Insurrection hongroise et au prince Jean, il faut vous tenir partout où il sera. Ainsi, s'il est vrai que ce prince remonte la March, il faut que votre quartier général soit placé de manière à rejoindre l'armée si le prince Jean se rallie à celle du prince Charles. Mais s'il passait le Danube à Presbourg (2), le général Baraguay d'Hilliers peut rompre son pont, et, réuni au général Vandamme, retarder assez la marche du prince Jean pour que vous puissiez passer le Danube au pont d'Ebersdorf et arriver à temps à sa rencontre.

Pour remplir ces différents buts, il faut que Votre Altesse place les 3 divisions de son corps d'armée et la division saxonne sur quatre points différents qui puissent permettre de réunir le corps d'armée sur l'une ou l'autre de ces divisions, suivant les circonstances.

L'Empereur espère que, dans la journée de demain, vous aurez balayé toute la rive droite de la March, que vous serez maître des ponts et que cette rivière sera entre vous et l'ennemi. Votre Altesse pourra passer la March, quand elle voudra, par le moyen des bateaux que le colonel Baste pourra envoyer vis-à-vis Theben, au confluent, et par là pouvoir jeter un pont en peu d'heures.

Dans les ordres que vous donnerez au général Vandamme, il faut, Monseigneur, lui laisser beaucoup de latitude, car ce général ne doit pas dégarnir Mœlk tant que l'ennemi n'aura pas dégarni la rive gauche. D'ailleurs, c'est un officier plein de zèle et de talent...

(1) Gœding est à 18 lieues du confluent de la March ou de Presbourg, soit 72 kilomètres.

(2) C'est-à-dire repassait sur la rive droite.

CONSIDÉRATIONS GÉNÉRALES

L'exposé de la manœuvre de Wagram a été fait par Napoléon dans le 9e bulletin de l'armée d'Allemagne du 19 mai 1809 (T. XIX, p. 15239).

Le prince Charles, après la bataille d'Eckmühl, jeté sur l'autre rive du Danube, n'eut d'autre refuge que les montagnes de la Bohême.

En suivant les débris de l'armée du prince Charles dans l'intérieur de la Bohême, l'Empereur lui aurait enlevé son artillerie et ses bagages; mais cet avantage ne valait pas l'inconvénient de promener son armée, pendant quinze jours, dans des pays pauvres, montagneux et dévastés.

L'Empereur n'adopta aucun plan qui pût retarder d'un jour son entrée à Vienne, se doutant bien que, dans l'état d'irritation qu'on avait excité, on songerait à défendre cette ville, qui a une excellente enceinte bastionnée, et à opposer quelque obstacle. D'un autre côté, son armée d'Italie attirait son attention, et l'idée que les Autrichiens occupaient ses belles provinces du Frioul et de la Piave ne lui laissait point de repos.

Le maréchal duc d'Auerstædt resta en position en avant de Ratisbonne pendant le temps que mit le prince Charles à déboucher [à entrer] en Bohême, et immédiatement après, il se dirigea sur Passau et Linz sur la rive gauche du Danube, gagnant quatre marches sur ce prince. Le corps du prince de Ponte-Corvo fut dirigé dans le même système. D'abord il fit un mouvement sur Egra, ce qui obligea le prince Charles à y détacher le corps du général Bellegarde; mais, par une contremarche, il se porta brusquement sur Linz, où il arriva avant le général Bellegarde, qui, ayant appris cette contre-marche, se dirigea aussi sur le Danube.

Ces manœuvres habiles, faites jour par jour selon les circonstances, ont dégagé l'Italie, livré sans défense les barrières de l'Inn, de la Salza, de la Traun et tous les magasins ennemis, soumis Vienne, désorganisé les milices et la landwehr, terminé la défaite des corps de l'archiduc Louis et du général Hiller et achevé de perdre la réputation du général ennemi [l'archiduc Charles]. Celui-ci, voyant la marche de l'Empereur, devait penser à se porter sur Linz, passer le pont et s'y réunir aux corps de l'archiduc Louis et du général Hiller; mais l'armée française y était réunie plusieurs jours avant qu'il pût y arriver. Il aurait pu espérer de faire sa jonction sur Krems; vains calculs ! il était encore en retard de quatre jours, et le général Hiller, en repassant le Danube, fut obligé de brûler le beau pont de Krems.

Il espérait enfin se réunir devant Vienne; il était en retard de plusieurs jours...

La manœuvre par laquelle Napoléon a porté son armée à Vienne a été l'objet de critiques sévères. Les plus récentes sont celles du général Bonnal dans son cours de l'École de guerre et du commandant Buat, qui fut son adjoint, dans son ouvrage : *1809, de Ratisbonne à Znaïm* (1).

L'un et l'autre ont professé que Napoléon n'aurait pas dû courir sur Vienne, mais achever l'armée de l'archiduc en la poursuivant en Bohême :

La méthode de guerre de Napoléon, a écrit le commandant Buat (2), est incontestablement caractérisée par la recherche de la destruction aussi prompte que possible des forces principales ennemies, une fois la position de ces forces déterminée... Oublieux de sa propre méthode, Napoléon, marchant sur un objectif essentiellement géographique alors qu'il n'ignore pas l'emplacement des forces principales ennemies, portera le peine de son excès d'orgueil (3).

Emporté par l'ardeur de son imagination, influencé par le souvenir de la campagne de 1805, dédaigneux de son adversaire — qui n'était plus cependant ni le Mélas, ni le Mack des capitulations d'Alexandrie et d'Ulm — au point d'en perdre la claire notion des événements, enchaîné aussi par ses dispositions antérieures, *Napoléon abandonne la proie pour l'ombre.*

---

(1) Il est nécessaire de s'y arrêter en raison de la personnalité de leurs auteurs.

(2) (3) T. I, p. 17 et 22.

Le commandant Buat consent pourtant que marcher sur Vienne, c'était s'opposer à la constitution des corps de réserve, demeurer en liaison avec l'armée française d'Italie, éviter les difficultés du ravitaillement en Bohême, et enfin, que l'occupation de la capitale devait avoir un effet moral considérable.

> Sans doute, continue-t-il, on (Napoléon) peut croire que l'armée principale autrichienne viendra se mettre sur la route de Vienne; mais puisqu'on l'a saisie cette armée, puisque, au prix de quelques efforts et de quelques fatigues, on peut la contraindre à faire front devant une armée française moralement et matériellement supérieure, pourquoi la laisser échapper? Parce que l'Empereur, dont l'esprit est essentiellement imaginatif, prend ses désirs pour des réalités, parce qu'il s'illusionne sur la grandeur de ses premières victoires, parce que son orgueil trouble sa vue au point de lui faire perdre la notion exacte de la situation, parce qu'il se persuade, en résumé, qu'il n'existe plus d'armée autrichienne. La marche sur Vienne fut une erreur (1).

Napoléon, sans contredit, s'est toujours efforcé d'obtenir le plus rapidement possible la destruction de l'adversaire, mais ça n'a jamais été en marchant droit sur lui, comme l'a écrit Clausewitz et comme l'ont cru d'après lui Bonnal et Buat.

---

(1) Bien qu'il fût professeur adjoint de stratégie à l'École de guerre, le commandant Buat allait peut-être un peu fort vis-à-vis de Napoléon (*a*). Il emboîtait le pas de « son maître », le général Bonnal qui, n'ayant vu Napoléon qu'avec les lunettes de Clausewitz et ne l'ayant par suite pas compris, le tenait en mince estime, le traitant, notamment pour sa manœuvre de Marengo, de piètre élève de Frédéric.

Pour notre malheur en 1914, ce mépris et cette animosité du général Bonnal pour Napoléon avaient empêché de nombreuses générations de l'École de guerre d'étudier comme il eût été nécessaire les méthodes du « dieu de la Guerre ».

Souhaitons qu'entre Bonnal et Napoléon, notre École de guerre choisisse désormais Napoléon.

(*a*) L'ouvrage du commandant Buat : *1809, de Ratisbonne à Znaïm*, a paru en 1909 chez Chapelot. J'avais publié en 1903, chez le même éditeur, la 1re partie de ma *Guerre Napoléonienne* (Précis des Campagnes), et en 1907, la 2e partie (Théorie et Technique) où j'ai fait la théorie complète de la guerre napoléonienne, d'après la *Correspondance* de Napoléon.

Il n'a pas marché droit sur Beaulieu à Valenza en 1796, sur Mélas à son débouché des Alpes en 1800, sur Mack en 1805 en débouchant du Rhin, sur l'armée prussienne en 1806...

Le 6 mai 1796, il écrivait de Tortone au Directoire :

> Dans la journée d'hier nous nous sommes canonnés avec l'ennemi au delà du Pô. Le fleuve est très large et très difficile à passer. Mon intention est de le franchir le plus près possible de Milan afin de n'avoir plus aucun obstacle pour arriver à cette capitale. Par cette mesure je tournerai les trois lignes de défense que Beaulieu s'est ménagées le long de l'Agogna, de Terdoppio et du Tessin. Je marche aujourd'hui sur Plaisance. Pavie se trouve tournée et, si l'ennemi s'obstine à défendre cette ville, je me trouverai entre lui et ses magasins.

Plus tard, il écrira encore au Directoire :

> Beaulieu, instruit de notre marche, se convainquit, mais trop tard, que ses fortifications du Tessin et ses redoutes de Pavie étaient inutiles et que les républicains français n'étaient pas si inoptes que François Ier.

Dans son bulletin du 7 octobre 1805, il écrivait encore :

> Ce grand et vaste mouvement nous a portés un peu de jours en Bavière, nous a fait éviter les Montagnes Noires, la ligne des rivières parallèles qui se jettent dans la vallée du Danube... enfin nous a placés à plusieurs marches derrière l'ennemi qui n'a pas de temps à perdre pour éviter sa perte entière...

Et le 8, il fait écrire à Marmont :

> L'ennemi est coupé; dans peu de jours, il n'aura plus d'autre parti à prendre que d'essayer de nous passer sur le corps.

Et alors faut-il s'étonner qu'en 1809, Napoléon n'ait pas songé un instant à engouffrer son armée dans les montagnes couvertes de neige qui forment le rempart de la Bohême, pour s'y heurter aux positions successives qu'aurait prises l'archiduc Charles en vue de retarder notre marche et de gagner le temps d'appeler à lui, pour refaire une puissante armée, toutes les forces levées et levables de la Monarchie : corps d'Hiller, gros de l'archiduc Jean..., landwehrs, recrues? Disposant librement de toutes les ressources de l'Empire, le prince Charles eût été dans une situation singulièrement favorable.

Convient-il, d'autre part, comme l'a fait le commandant Buat, de traiter dédaigneusement Vienne, capitale et cœur de la monarchie autrichienne, de « simple objectif géographique »?

Vienne est non seulement un *objectif politique* de la plus haute importance dont l'occupation devait, en paralysant les principaux rouages de l'État, entraver la résistance, mais un *centre d'opération* d'une richesse énorme, où l'armée française trouva ravitaillements de tous genres : farines, blés, viandes, vin, argent, draps, chaussures, sans compter des arsenaux bondés de canons et de munitions, des hôpitaux pour les grands blessés, des casernements pour les dépôts. En occupant Vienne, Napoléon, en outre, enlevait toutes ces ressources à l'ennemi.

De plus la manœuvre, en attirant sur Vienne toutes les forces de la Monarchie, enlevait toute inquiétude à nos alliés : Bavarois, Saxons, Wurtembergeois, Polonais.

Ajoutez enfin l'effet moral sur l'Europe!

Évidemment, ce n'est pas de la seule prise de Vienne que Napoléon attend la fin de la guerre : Vienne n'est qu'un point de sa trajectoire vers l'armée de l'archiduc. Dans sa manœuvre, Vienne joue, mais avec des ressources autrement considérables et la qualité de capitale en plus, le rôle de Plaisance dans la manœuvre de Lodi.

Et ce qui est un contresens impardonnable, c'est de croire, comme le commandant Buat l'a cru, que Napoléon compte, par sa marche sur Vienne, ramener devant lui, sur la rive droite, l'archiduc, ayant ainsi évité tous les ennuis d'une poursuite en Bohême,

Certes non, Napoléon ne tient pas à ce que l'archiduc vienne prendre devant lui des positions successives entre les Alpes et le Danube pour se donner le temps d'appeler à lui de nouvelles levées et toutes les troupes encore existantes de la Monarchie. L'Empereur n'a qu'une préoccupation : pousser à temps le verrou sur chacune des portes par lesquelles l'archiduc pourrait passer sur la rive droite : Straubing, Passau, Linz, Krems et arriver avant lui à Vienne.

Et il prend toutes mesures pour que les débris du corps d'Hiller n'entravent pas sa marche.

Dès le 23 avril, il pousse en avant ses deux colonnes : à gauche Masséna, à droite Bessières et Lannes.

Enfin, la manœuvre, qui est aussi une manœuvre sur les derrières de l'armée autrichienne d'Italie, ramènera sur Vienne cette armée. Le prince Eugène le suivra et aussi Marmont avec notre armée de Dalmatie. Ainsi, Napoléon réunira sous sa main propre toutes ses forces près de Vienne !

Certes pour prévoir et parer tout ce que pourront tenter les quatre archiducs Charles, Jean, Ferdinand et Maximilien, pendant notre course sur Vienne, il faut un peu d'*imagination*. Mais l'*imagination* contrôlée par la raison et éclairée par l'art de la guerre n'est pas, tant s'en faut, un défaut pour un général en chef.

Dès l'abord, notre manœuvre subit plusieurs contretemps.

Le plus grave fut la crue soudaine de l'Isar, de la Salza, de l'Ens, de la Traun, juste au moment où nous arrivions devant ces rivières dont Hiller venait de brûler les ponts.

C'en fut un autre de n'avoir pu se débarrasser de suite d'Hiller, ce qui aurait permis à notre corps d'avant-garde (cavalerie de Bessières, divisions d'infanterie légère d'Oudinot) de précipiter sa marche pour faciliter l'avance de notre armée.

L'occasion s'offrit, à Ebersberg, d'écraser Hiller; mais l'ardeur de Masséna l'entraîna à brusquer l'attaque sans attendre l'action de Lannes sur les derrières de la position. Hiller put échapper. Ce ne fut qu'à Mautern, qu'étant passé sur la rive gauche, Hiller laissa libre la route de Vienne devant la cavalerie légère de Colbert et les deux divisions légères d'Oudinot.

La résistance de Vienne pendant deux jours fut peut-être une surprise pour Napoléon.

Malgré ces divers contretemps, une partie de notre armée avait réussi à passer le Danube entre Essling et Aspern avant l'arrivée de l'archiduc et il s'en fallut de peu que tous les bénéfices de la manœuvre sur les derrières fussent réalisés : c'est-à-dire qu'on pût « attaquer par derrière l'armée de l'archiduc en désordre et non réunie » (1).

Mais une crue inattendue du Danube, extraordinaire pour l'époque de l'année, vint projeter avec violence, contre nos ponts, arbres, bateaux, moulins détachés par les Autrichiens, alors qu'on n'avait pas eu le temps de prendre des dispositions pour la défense des ponts du grand bras.

En pleine victoire, il fallut, sous peine d'un désastre ultérieur, ramener nos troupes dans l'île Lobau.

Ainsi la percée du Danube échoua et cet échec nous coûta des pertes considérables. Il fallut la reprendre sur de nouvelles bases et ce fut Wagram.

Quoi qu'il en soit, commencée le 9 avril 1809 par l'offensive de l'archiduc Charles, la campagne se terminait le 6 juillet. Deux manœuvres sur les derrières : celle de Landshut et celle de Wagram, avaient suffi à Napoléon pour venir à bout des forces de la monarchie autrichienne avec une armée composée d'autant d'étrangers que de Français !

---

(1) Réponse de Napoléon à Sainte-Hélène, à propos de la manœuvre de Smolensk, aux critiques du général Rogniat dans son ouvrage *Notes sur l'Art de la guerre*.

BATAILLE DE WAGRAM, 6 JUILLET 1809

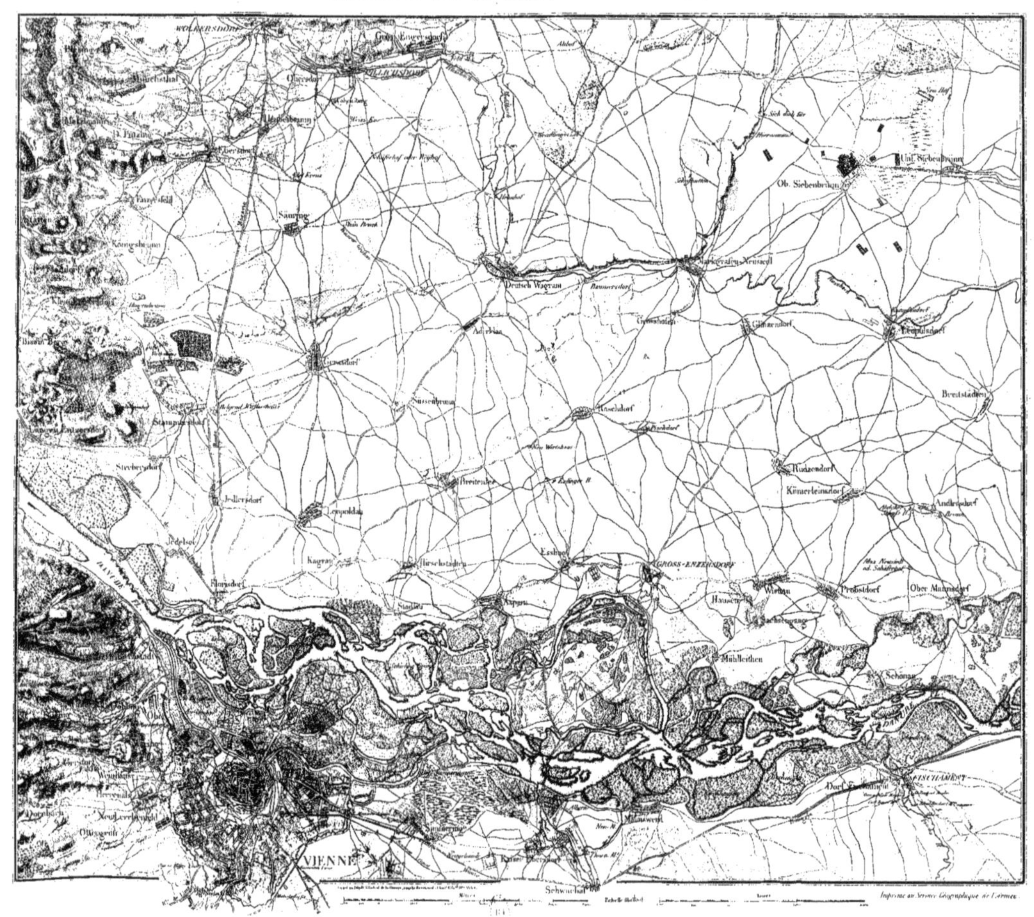

TABLE DES MATIÈRES

PREMIÈRE PARTIE

LA COURSE SUR VIENNE

DEUXIÈME PARTIE

FRANCHISSEMENT DU DANUBE POUR PRENDRE PAR DERRIÈRE L'ARMÉE DE L'ARCHIDUC CHARLES

TABLE DES CROQUIS

IMPRIMERIE BERGER-LEVRAULT, NANCY-PARIS-STRASBOURG — 1926

IMPRIMERIE BERGER-LEVRAULT, NANCY-PARIS-STRASBOURG — R. C. Nancy, n° 1273.

BIBLIOTHEQUE NATIONALE DE FRANCE
3 7531 03232390 0

www.ingramcontent.com/pod-product-compliance
Ingram Content Group UK Ltd.
Pitfield, Milton Keynes, MK11 3LW, UK
UKHW022051170726
13837UKWH00002B/897